知识就在得到

我能
做 HR 吗

赵肖盛佟张梁
宏　　　韫
炯焱莹磊仪冰
　　　　口
　　　　述

章凌——编著

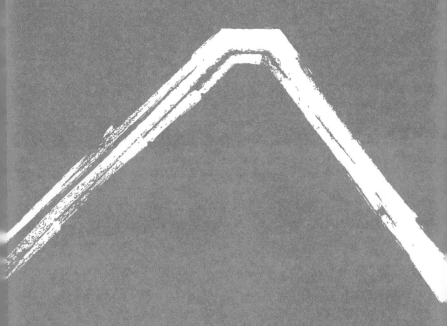

新星出版社 NEW STAR PRESS

总序

怎样选择一个适合自己的职业？这个问题困扰着一代又一代中国人——一个成长在今天的年轻人，站在职业选择的关口，他内心的迷茫并不比二十年前的年轻人少。

虽然各类信息垂手可得，但绝大部分人所能获取的靠谱参考，所能求助的有效人脉，所能想象的未来图景……都不足以支撑他们做出一个高质量的职业决策。很多人稀里糊涂选择了未来要从事大半辈子的职业，即使后来发现"不匹配""不来电"，也浑浑噩噩许多年，蹉跎了大好年华。

我们策划这套"前途丛书"，就是希望能为解决这一问题做出一点努力，为当代年轻人的职业选择、职业规划提供一些指引。

如果你是一名大学生，一名职场新人，一名初、高中生家长，或者是想换条赛道的职场人，那么这套书就是专门为你而写的。

在策划这套书时，我们心中想的，是你正在面临的各种挑战，比如：

你是一名大学生：

· 你花了十几年甚至更久的时间成为一名好学生，毕业的前一年突然被告知：去找你的第一份工作吧——可怕的是，这件事从来没人教过你。你孤身一人站在有无数分岔路的路口，不知所措……

· 你询问身边人的建议，他们说，事业单位最稳定，没编制的工作别考虑；他们说，计算机行业最火热，赚钱多；他们说，当老师好，工作体面、有寒暑假；他们说，我们也不懂，你自己看着办……

· 你有一个感兴趣的职业，但对它的想象全部来自看过的影视剧，以及别人的只言片语。你看过这个职业的高光时刻，但你不确定，在层层滤镜之下，这个职业的真实面貌是什么，高光背后的代价又有哪些……

你是一名职场新人：

· 你选了一个自己喜欢的职业，但父母不理解，甚至不同意你的选择，你没把握说服他们……

· 入职第一天，你眼前的一切都是新的，陌生的公司、陌生的同事、陌生的工位，你既兴奋又紧张，一边想赶紧上手做点什么，一边又生怕自己出错。你有一肚子的问题，不知道问谁……

你是一名学生家长：

·你只关注孩子的学业成绩，仿佛上个好大学就是终身归宿，但是关乎他终身成就的职业，你却很少考虑……

·孩子突然对你说，"我将来想当一名心理咨询师"，你一时慌了神，此前对这个职业毫无了解，不知道该怎么办……

·你深知职业选择是孩子一辈子的大事，很想帮帮他，但无奈自己视野有限、能力有限，不知从何处入手……

你是一名想换赛道的职场人：

·你对现在的职业不太满意，可不知道该换到哪条赛道，也不清楚哪些职业有更多机会……

·你年岁渐长，眼看着奔三奔四，身边的同学、朋友一个个事业有成，你担心如果现在换赛道，是不是一切要从头再来……

·你下定决心要转行，但不确定自己究竟适不适合那个职业，现有的能力、资源、人脉能不能顺利迁移，每天都焦灼不已……

我们知道，你所有关于职业问题的焦虑，其实都来自一件事：**不知道做出选择以后，会发生什么。**

为了解决这个问题，"前途丛书"想到了一套具体而系统的解决方案：一本书聚焦一个职业，邀请这个职业的顶尖高手，从入门到进阶，从新手到高手，手把手带你把主要的职业逐个预演一遍。

通过这种"预演"，你会看到各个职业的高光时刻以及真实面貌，判断自己对哪个职业真正感兴趣、有热情；你会看到各个职业不为人知的辛苦，先评估自己的"承受指数"，再确定要不要选；你会了解哪些职业更容易被 AI 替代，哪些职业则几乎不存在这样的可能；你会掌握来自一线的专业信息，方便拿一本书说服自己的父母，或者劝自己的孩子好好考虑；你会收到来自高手的真诚建议，有他们指路，你就知道该朝哪些方向努力。

总之，读完这套"前途丛书"，你对职业选择、职业规划的不安全感、不确定感会大大降低。

"前途丛书"的书名，《我能做律师吗》《我能做心理咨询师吗》……其实是你心里的一个个疑问。等你读完这套书，我们希望你能找到自己的答案。

除了有职业选择、职业规划需求的人，如果你对各个职业充满好奇，这套书也非常适合你。

通过这套书，你可以更了解身边的人，如果你的客户来自各行各业，这套书可以帮助你快速进入他们的话语体系，让客户觉得你既懂行又用心。如果你想寻求更多创新、跨界的机会，这套书也将为你提供参考。比如你专注于人工智能领域，了解了医生这个职业，就更有可能在医学人工智能领域做出成绩。

你可能会问：把各个职业预演一遍，需不需要花很长时间？

答案是：不需要。

就像到北京旅游，你可以花几周时间游玩，也可以只花一天时间，走遍所有核心景点——只要你找到一条又快又好的精品路线即可。

"前途丛书"为你提供的，就是类似这样的精品路线——**只需三小时，预演一个职业。**

对每个职业的介绍，我们基本都分成了六章。

第一章：行业地图。带你俯瞰这个职业有什么特点，从业人员有什么特质，薪酬待遇怎么样，潜在风险有哪些，职业前景如何，等等。

第二至四章：新手上路、进阶通道、高手修养。带你预演完整的职业进阶之路。在一个职业里，每往上走一段，你的境界会不同，遇到的挑战也不同。

第五章：行业大神。带你领略行业顶端的风景，看看这个职业干得最好的那些人是什么样的。

第六章：行业清单。带你了解这个职业的前世今生、圈内术语和黑话、头部机构，以及推荐资料。

这条精品路线有什么特色呢？

首先，高手坐镇。这套书的内容来自各行各业的高手。他们不仅是过来人，而且是过来人里的顶尖选手。通常来说，我们要在自己身边找齐这样的人是很难的。得到图书依托得到 App 平台和背后几千万的用户，发挥善于连接的优势，找到了他们，让他们直接来带你预演。我们预想的效果是，走完这条路线，你就能获得向这个行业的顶尖高手请教一个下午可能达成的认知水平。

其次，一线智慧。在编辑方式上，我们不是找行业高手约稿，然后等上几年再来出书，而是编辑部约采访，行业高手提供认知，由我们的同事自己来写作。原因很简单：过去，写一个行业的书，它的水平是被这个行业里愿意写书的人的水平约束着的。你懂的，真正的行业高手，未必有时间、有能力、有意愿写作。既然如此，我们把写作的活儿包下来，而行业高手只需要负责坦诚交流就可以了。我们运用得到公司这些年形成的知识萃取手艺，通过采访，把各位高手摸爬滚打多年积累的一线经验、智慧、心法都挖掘出来，原原本本写进了这套书里。

最后，导游相伴。在预演路上，除了行业高手引领外，我们还派了一名导游来陪伴你。在书中，你会看到很多篇短小精悍的文章，文章之间穿插着的彩色字，是编著者，也就是你的导游，专门加入的文字——在你觉得疑惑的地方为你指路，在你略感疲惫的地方提醒你休息，在你可能错失重点的地方提示你注意……总之，我们会和行业高手一起陪着你，完成这一场场职业预演。

我们常常说，选择比努力还要重要。尤其在择业这件事情上，一个选择，将直接影响你或你的孩子成年后 20% ～ 60% 时间里的生命质量。

这样的关键决策，是不是值得你更认真地对待、更审慎地评估？如果你的答案是肯定的，那就来读这套"前途丛书"吧。

丛书总策划　白丽丽

2023 年 2 月 10 日于北京

00
序　言

01
行业地图

02
新手上路

03
进阶通道

04

高手修养

05

行业清单

序言

　　无论你在哪一类机构实习或工作，一定都和 HR（Human Resources，人力资源）打过交道。但关于 HR 究竟是做什么的，我们不一定说得清楚。有人认为 HR 是企业里的服务人员，负责为员工办理入职、离职、社保等手续；有人认为 HR 是老板的眼线，用各种方法对员工进行监督、管控；还有人认为 HR 是精英白领、管理专家，张口便是各种专业术语……在不同的人眼里，HR 呈现出了不一样的面貌。

　　如果你打算成为一名 HR，或者想通过了解 HR 来窥探职场奥秘，甚至想知道在职业发展的更高阶段，如何通过与 HR 协同配合，实现职业突破，那么就请翻开这本书，走进与每一个职场人都息息相关的 HR 的世界。

　　需要特别说明的是，人力资源管理的从业人员可以大致分为两类，一类是企业内部人力资源管理部门的工作人员，另一类是咨询公司中从事人力资源管理服务的咨询师。我们这本书将重点围绕企业内部的 HR 展开，一方面这类岗位的从业人员众多，另一方面他们的工作深入企业业务一线，所遇到的问题也更值得我们参考。

HR 之迷雾重重

围绕在 HR 身上的第一团迷雾是：HR 之间如何分工与配合？

通常人们把人力资源管理部门的人都叫 HR，但其实他们有很细致的职能分工和不同的协作模式。在职能分工上，HR 的工作主要有六大模块，分别是招聘、薪酬、绩效、培训、员工关系和人力资源规划。不同模块对专业知识和能力的要求都不一样。在协作模式上，有的公司直接按照六个模块划分，每个模块都有一个专门的团队负责；有的公司则按照三支柱，或者前、中、后场来协作，一个模块的工作可能分布于几个 HR 团队之中[1]。不同行业、不同规模或不同发展阶段的公司，还会根据自身需要来调整 HR 部门的职能和协作方式。

HR 的工作就像一个纵横交错的蜂巢，不了解的人很难知道他们每个人具体在做什么，以及他们的工作是如何开展的。

---

1. 详见第一章 "HR 要做哪些事"。

而一个初来乍到的新人突然置身其中，也很难辨清自己努力的方向是什么，适合自己的发展道路又是哪条。

围绕在 HR 身上的第二团迷雾是：HR 的成就如何体现，从业者的自驱力又来自哪里？

人们追求职业成功的动力大多集中于两点，一是换取更多财富，让自己生活得更好；二是在专业上不断精进，收获更多认可。比如，销售以追求业绩、拿到佣金为目标，建筑师以作品为荣，律师以辩护成功的案例为成就，等等。HR 则不同，他们的薪资一般处于公司的平均水平，即便做到高阶职位，其收入水平也很难与律师、销售等行业中的精英相比。同时，HR 的工作成就不容易被人看到，甚至在一家公司里，大部分人并不清楚 HR 整天都在忙些什么。HR 所有的工作都是为了能让业务团队产出更好的业绩。他们为企业搭建人才梯队，制定激励机制，从而确保企业业务能够有序经营，蒸蒸日上。但当企业取得成功时，几乎不会有人认为这是 HR 的功劳。那么问题来了，如果 HR 的工作成果总是体现在别人身上，他们自己的成就感来自哪里？他们又是为了什么而工作呢？

围绕在 HR 身上的第三团迷雾，也是一个备受关注的问题是：HR 是如何跨行业发展的？

在科技高速发展、市场环境迅速变化的今天,行业更新迭代的速度空前。比如,随着互联网媒体的快速发展,很多报社、杂志社被迫关停或转型,大量从业人员不得不面临转行。再比如,零售业的线下店铺数量逐渐减少,而电商直播的成交额不断攀升。所有这些改变都影响着人们的职业选择。

但 HR 不太一样,这个职业受行业影响相对较小。不管什么行业,只要人们需要建构组织去一起完成某个目标,就需要 HR。因此,跨行业发展对 HR 来说如同家常便饭,可能一名 HR 今天还在传统制造业,明天就去了互联网公司。这虽然听上去不错,但也对 HR 的能力提出了更高的要求。HR 在进入一个新行业时,如何把握新行业的业务特点,又如何应对不断变化的人才特点?这其中需要哪些能力,又该如何培养?

以上种种都是 HR 从业人员不能回避的职场痛点,也是这本书要着重回答的问题——企业内部 HR 的职业发展痛点、成长方法和进阶之路。

高手心中有答案

为了从实践的角度向你展现解决现实问题的经验和心

法，我们采访了六位在 HR 领域成就卓越的老师。

梁冰老师是 20 世纪 90 年代初第一批将国外 HR 理论和方法引入中国的外企 HR 高管。之后，他又相继担任 IBM（国际商业机器公司）中国、平安集团、复星集团的 HR 高管，在业内享有崇高声誉。他对 HR 职业的洞察极其精到："优秀的 HR 一定是一个好销售""洞察需求、匹配需求是 HR 的基本功""HR 不仅是业务的助手，还是业务的推手"……这些话听上去简单，但背后都有着深入的思考和极为丰富的案例实践。

肖焱老师是人力资源管理专业科班出身，在大型国企积累了丰富的经验后，她转战互联网企业担任人力资源总监，之后又创办了自己的咨询公司。每次采访结束后，她都会极其认真地为我们画一张思维导图，把采访中讲述的内容系统化地呈现给我们。对于我们不懂的地方，她也会附上相关材料。对肖焱老师来说，勤奋是一种习惯，更是她在职业道路上得以顺利发展的法宝。HR 新人不能犯的错有哪些？如何站在人、财、法的角度思考 HR 的工作？在 HR 眼里，老板总是对的吗？对于这些问题，肖焱老师基于多年经验，给出了生动、精彩的回答，极具启发性。

张韫仪（Tina）老师曾在世界头部猎头公司服务多年，之后又积累了十年的投后管理经验。如今，她在一家著名饮品制造公司担任 CHO（首席人力资源官）。在本书中，张韫仪老师将着重从 HR 职业发展中的心法、与人连接的能力等方面分享自己的思考，比如 HR 如何通过"向内看"获得个人成长，BP[1] 与业务人员如何建立信任，HR 如何拉齐各业务部门的认知和目标，等等。她将通过讲述 HR 日常的道与术，带我们进入 HR 工作的内核。最后一次采访快要结束时，她给我们画了一张阴阳图，其中包含制度与温度、组织与个体、利他与利己等多个对立统一体，这是一名资深 HR 对职业的深刻感悟。

盛莹老师是得到 App 的 CHO，邀请她作为本书的受访老师，并不是因为近水楼台，约起来方便，而是因为她可以代表 HR 行业中的一大类人。盛莹老师毕业于北京师范大学应用心理学人力资源方向。她的第一份工作是在国际顶级管理咨询公司——埃森哲[2]，为大型央企、国企提供组织变革、薪酬绩效方面的人力资源管理咨询服务。六年后，她转战互联网头

---

1. 全称为 HRBP，Human Resource Business Partner，人力资源业务伙伴，是企业派驻到各个业务或事业部的人力资源管理者，主要协助各业务单元高层及经理在员工发展、人才发掘、能力培养等方面的工作。

2. 埃森哲（Accenture）是全球知名管理咨询公司和技术服务供应商。它原本是全球安达信（Arthur Andersen）会计师事务所的管理咨询部门，成立于 1953 年。1989 年，该部门脱离安达信，成立安盛（Andersen Consulting）管理咨询公司，2001 年更名为埃森哲。

部大厂，从BP一直做到了HRD[1]。这样的职业经历，尤疑会为本书提供一个重要的视角。在本书中，盛莹老师将就HR在成长过程中要跨越哪些台阶，每个台阶的能力要求是什么，新人如何在枯燥中成长，BP与业务人员如何相处，组织变革中需要重点考虑哪些要素等问题，给出精彩的回答。

佟磊老师是爱奇艺人力行政副总裁，他陪伴爱奇艺从五六个人的创业公司发展为视频行业的头部上市企业。这一路的成长让他心得满满，也从侧面印证了HR成就他人、成就企业的职业使命。因为是从基层做起的，所以佟磊老师对HR各个模块、各个层级的工作都很熟悉。说到其中任何一个问题，他都能以自己的实践经验来回答。但这些在他看来都是表面技能，是"术"，HR真正的功夫在于对人的理解和包容，以及拆解问题、洞察需求的能力。佟磊老师视野极宽，善于从历史和政治中汲取营养，思考环境与组织的关系、人与社会的关系。从他的分享中，我们不难看出，和很多职业一样，HR的职业发展之路也是一段自我修行的旅程。

赵宏炯老师读大学时是学艺术的，毕业于视觉艺术专业，热爱中国古典文化。大学毕业后，阴差阳错，他成为一名

---

1. 全称为 Human Resource Director，人力资源总监，是现代公司中最重要、最有价值的顶尖管理职位之一，是核心决策层的重要成员，CEO（首席执行官）的战略伙伴。

HR。在将近二十年的职业生涯中，他首先突破专业的知识壁垒，进入 HR 专业领域；之后不断精进，以专业能力跨越行业的差异，先后在媒体、上市科技公司、家具电商平台、教育公司的 HR 部门任职，如今加入了高端设计家具品牌 Cabana，担任首席人力资源官。从一个 HR 小白到 CHO，他始终以敬畏的态度对待 HR 工作，持续精进专业能力，并在两年时间内通过了世界薪酬协会的 11 门考试，获得国际认证。对于大多数非科班出身的 HR 来说，赵宏炯老师的经验无疑具有珍贵的借鉴意义。

这六位老师的从业经历、专业方向代表了 HR 职业的不同发展道路。他们深知 HR 这一行的痛点、难点，并且在实践中探索出了切实好用的方法。他们带给你的，不是教科书式的教导，也不是单纯的案例解读，而是基于人生经验和职场心法的 HR 进阶之路。

在本书中，我们将带你预演 HR 完整的职业生涯，同时把这六位老师的心得与经验逐步分享给你，希望你能从中获得启发。

章 凌

CHAPTER I

第一章
行业地图

在开始 HR 职业预演之旅之前，我们先来看看"行业地图"。在这里，我们将为你解读 HR 的职业特征，全景式展现 HR 职业的概况。你会了解到：

·面对老板和员工的不同需求，HR 要如何定位自己的角色和使命？

·HR 日常要做哪些工作，又有哪些职能分工？

·HR 的成就感来自哪里，他们的内在动力又是什么？

·HR 的入行门槛是什么，需要哪些基本素养？

·HR 的成长要经历哪些阶段，每个阶段的收入情况怎么样，以及会遇到哪些难题？

·HR 的职业风险有哪些，未来的出路又在哪儿？

通过对这些问题的解答，你会初步了解 HR 这一职业。你也会发现，这个看似普通的职业，其实对职场的每一个角落都有着巨大影响，甚至还有许多不为人知之处。

HR 对公司到底有什么用

▎使命：确保企业上下一心完成目标

· 梁冰

HR 到底是做什么的？很多人对 HR 的印象还停留在传统人事部门阶段，认为他们是安排面试，帮员工办理入职、离职和社保手续，统计考勤的人，做的都是些琐碎的事务性工作。还有很多人对 HR 心存偏见，认为 HR 是老板的眼线，是扣工资的同谋，是裁员的"刽子手"，在他们看来，HR 是不能被信任的，和 HR 说话一定要小心。甚至很多老板也觉得 HR 价值不大，HR 部门完全可以撤销。同时，很多 HR 自己对这份工作也提不起兴致，认为自己就是个执行者，在公司里没什么话语权。

大家之所以会对 HR 有这么多不同的看法，我认为有两方面原因：一是公司负责人及其他业务人员不知道 HR 对他们的意义是什么，不知道怎么用 HR；二是 HR 的专业度不够，没有让公司看到他们的价值。那么，HR 对公司到底有什么用呢？

要想真正理解 HR 在企业中的作用，我们得先来看看这一职业是如何产生的。

19 世纪末，美国的劳工问题非常尖锐，十几年间罢工次数高达一万多次，参与的工人数量有几百万人之多，造成大量人员伤亡，引起了社会动荡。[1] 不仅美国如此，欧洲当时也面临类似的问题。面对这样的情形，企业主和政府都压力重重。他们不得不去思考怎样避免激烈的劳资冲突，在让企业顺利发展的同时，也能满足工人的需求。

显然，只靠工厂的劳动管理者是不行的。事实上，当时的工厂也有人事部门，不过只负责员工招募和一些日常管理工作。面对如此尖锐的劳资矛盾，人事部门的人束手无策。企业主们意识到，要想缓解劳资冲突，让企业健康发展，必须建立一整套行之有效的政策和机制。于是，他们主动组建了管理协会，探讨如何用体系化的制度管理员工，从而避免冲突发生。在这样的背景下，20 世纪初，"人力资源"这个词应运而生，一些相关的学术理论也开始形成。

HR 部门和公司的业务部门就好比八卦图中的阴阳鱼：业务部门是阳，它要"打仗"，要占领市场，如果人员管理跟不上，员工内部矛盾频发、人心涣散、消极怠工，业务就难以推

---

1. 闻效仪：《人力资源管理的历史演变》，中国社会科学出版社 2010 年版。

进；HR部门是阴，它的工作是平衡企业和员工之间的关系，把人搞定，让企业能够上下一心，朝着共同的目标努力，在组织层面确保战略落地、计划达成。

那么，HR如何确保战略落地和计划达成呢？

传统的人力资源管理包含招聘、薪酬、绩效、培训、员工关系和人力资源战略规划六个模块。每一个模块都有一个相对完整的体系，它们从不同角度确保企业对员工的有序管理。比如招聘，你招进来的人在价值观层面一定是与企业吻合、匹配的；如果不匹配，这个人再优秀也不能招进来。华为这一点就做得非常好，它对每一个应聘者都说得很清楚：这里以奋斗为本，提倡艰苦朴素，如果你想要有所作为，愿意奋斗甚至拼命，那你就来；如果你想要享福，追求事少钱多离家近，那你就别来。以这样的标准招进来的员工就不会怕辛苦，不会只要一加班就牢骚满腹。

通过以上六个模块的工作，HR部门会成为企业的方向盘、加油站和红绿灯。

做方向盘的意思是，HR部门要从业务目标的角度去思考和制定人力资源发展战略。

做加油站的意思是，HR部门要通过薪酬设计、绩效考核、培训、员工关系等模块建立完整的激励机制，解决员工的后顾之忧,让他们可以全力以赴地往前跑。比如,平安集团的企业大学为员工提供了完善的培训和认知成长课程体系,从而保证员工生产力的提升。

做红绿灯的意思是,HR 要确定企业人力资源的经营规则,制定公司的"铁律",保证大家的劲儿往一个方向使,避免走偏。比如,平安集团在人力资源管理上有一个"火炉原则",不管你是谁,只要碰到了炉子,手肯定会被烫伤。也就是说,一旦触犯"铁律",不管是谁都要被开除。

所以,HR 部门绝非可有可无,它可以在落实企业战略、推动组织变革、提升企业自身能力和竞争力等方面发挥重要作用。

桥梁:让公司不同角色的人彼此看见

· 张韫仪

HR 在公司中经常要扮演多重角色:有时 HR 是和老板及业务管理者站在一起的亲密伙伴,协助解决组织和员工的各种问题;有时 HR 要像咨询顾问那样,跳到老板和业务管理者之外,理性看待他们需要成长和突破的地方,并及时做出引领；有时 HR 是企业制度和理念的坚定执行者，保证企业的发展不偏离主线；有时 HR 又是企业文化的布道师，用文化这座灯塔照亮企业前行和员工成长的方向。

无论扮演什么角色，HR 都是管理者和员工之间的桥梁，让他们彼此之间能够相互理解、紧密配合——这也是很多人认为 HR 工作难做的原因。但如何才能在两者之间寻找平衡？是要以两副面孔示人，还是只做个传声筒？

实际上，对 HR 来说，老板和员工都是自己的客户。如果用客户导向的思维方式去思考，你就会发现，虽然老板和员工存在职位上的差异，但他们的需求内核是一致的——企业发展和个人发展达到和谐统一，公司能够健康持续地经营下去。

在这个共同目标的指引下，HR 面对客户，也就是老板和员工时，通常要把握两个维度的内容。

第一，你要怀揣着一丝好奇，透过表面，深挖老板或者业务团队面临的核心问题。这个核心问题可能是他们说出来的，也可能是他们没说出来的，需要你去观察和挖掘。

第二，你要管理客户的预期。无论是老板述是员工，他们都是从自己的视角看问题的，会有一些不切实际或者不合理的期待。你要站在专业的角度，用心聆听，及时表达出你作为 HR 的洞察，带他们换个维度思考，看到问题的本质，进而找到最佳解决之道。

作为 HR 的客户，老板和员工其实是一个利益共同体，是一体的两面，而非互相对立。HR 要让他们彼此看见，融合在一起，从而实现共赢。

比如，老板抱怨员工不爱公司，没有主人翁意识，那么你就要带着他换位思考，一起探索员工的诉求是什么，究竟是什么让员工产生了不好的体验，无法形成主人翁意识。同时，你也可以把那些有主人翁意识的员工行为通过一系列活动展示出来，在公司中形成榜样的力量，这样也可以让老板感知到，并不是所有员工都没有主人翁意识。这两方面都做到了，你就可以帮老板建立一个全面客观的认知，而不是让他困在自己片面的认知里，被情绪左右。

再比如，员工总是抱怨公司不考虑员工的需求，那么，一方面，你要了解究竟是员工的哪些需求被忽视了；另一方面，你也要让员工看到，公司已经为员工提供了很多支持，从全面的福利政策到培训机会，从业务支持到晋升空间等，从而让员工意识到之前没注意到的收获。

HR 应该成为公司的枢纽和凝聚力的核心，所以 HR 要拉通不同角色对一件事的认知，把大家拧成一股绳，使公司内部保持动态平衡。然而在现实中，很多 HR 不仅没有坚定地从自己的专业视角看待问题，反而一味迎合、讨好老板或抱怨员工，让他们更加无法形成合力。

HR 的天然使命是协助企业管理者完成业绩规划，实现战略目标。也就是说，HR 要帮助企业成功，而不能依附于老板，讨好老板。但如果定力不足，HR 就会担心自己因为没有满足老板的要求而无法在公司生存下去。他会因此感到慌张和恐惧，无法真正发挥出专业价值。

那么，HR 怎样才能拥有足够的定力呢？我认为，对 HR 各个模块的专业技能的扎实掌握、对业务的深入理解、对方法论的深刻认识等，都是 HR 形成专业定力的基础，但这些只是 HR 的硬技能。除此之外，HR 的软实力，也就是与人连接的能力，也十分关键。

HR 的软实力是指洞察人、理解人，以及与人沟通的能力。你可能认为这方面的能力是基于人的性格自然形成的，很难培养。但实际上，在我看来，软实力也是可以培养和提升的，而最好的方法就是向内看。

向内看，就是你要借助自己的职业，在磨砺中不断感知自身获得的滋养，即便是面对挫折，也要看到自身的成长。向内看，会让你懂得人与人之间之所以会有关系存在，是因为人需要在关系中相互成就，而不是单向付出或索取。这种对关系的感知会迁移到你的工作中。其实，HR 的工作从来不是单向的交付，不是完成一个任务后，接着完成下一个任务。相反，HR 遇到的所有问题都不是某个单一维度能够解释的，其背后有深层而复杂的原因。能够处理好内外之间、彼此之间的你来我往、相互融合，正是 HR 的智慧所在。为什么有些 HR 难以在企业中发挥作用？是因为职业技能不够吗？我想，更多的原因，是他们难以洞察人与人之间关系的核心。

HR 对公司的重要性显而易见，但他们是通过什么方式发挥这些作用的呢？接下来，我们就带你看看 HR 都要做哪些工作，以及他们内部是如何分工协作的。

HR 要做哪些事

▌差异：公司在不同发展阶段需要 HR 做什么

· 赵宏炯

　　HR 的使命是使企业上下同心，帮助企业实现战略目标。但具体到每家公司，HR 的工作其实有着巨大差异。HR 要在公司扮演什么角色，完成什么任务，一定程度上取决于企业主对 HR 的认知，以及公司的发展阶段。

　　第一，初创期。

　　如果你是一家初创公司的 HR，你会发现，自己必须要有"三头六臂"才能及时完成老板交代的工作。你不仅要做 HR 的工作，比如招聘员工，为员工办理入职、离职手续等，还要承担很多杂事，比如收发快递，端茶送水，采购办公用品，检查公司水电、卫生等。你每天忙个不停，但 HR 业务中比较专业的部分却很少接触。有一天你可能会突然发现，其他员工只把你看作秘书或服务员。

　　无论在研发、产品还是销售方面，初创公司都刚刚起步，公司的销售额不高，市场占有率也很低，经营的主要目标是活下来，公司的员工可能只有十几个或几十个。如果老板是做业务出身，没什么管理经验，那么他通常会把大部分精力都放在产品研发和推广销售上，而人力方面的工作，他很可能认为只要有一个能够处理好各类杂事的人来承担就可以了。在这样的公司，可能要等公司融资到 C 轮，创始人才会被投资人要求找一个专业的人力资源总监。但如果老板对管理很有经验，对 HR 的价值理解得也比较深入，那么他会在公司刚起步时就找一个相对专业的 HR。

在初创公司，HR 可以在三件事上帮助老板：第一，招人，以较低的人力成本，为公司找到能够融入团队，适合公司业务发展的栋梁之材，第二，防范劳动风险，避免不必要的劳资纠纷；第三，帮老板搭建企业文化的氛围和场域。而社保、薪酬发放等事务性工作，可以外包给适合的供应商代理。

第二，上升期。

当企业逐步规模化，进入上升期后，企业销售额开始提高，品牌在市场上有了一定的辨识度，员工的数量也成倍增长——可能达到了上百人，这时企业就要按照标准化流程经营。从前，各条业务线都只顾着冲锋打仗，彼此之间分工不明确，对管理也没什么要求。而现在，事情和人都多了，各条业务线要想步调一致，无缝衔接，就需要一定的流程和标准。

身为 HR，你必须快速学习，自我迭代，把工作重点放在梳理标准化流程、搭建全套的岗位分析说明书上，让每个员工都能明确自己的职责范围，清楚上下游是谁，流程规则是什么。

当企业在上升期稳步发展时，HR 开始真正聚焦于这一职业的专业工作。你不必再承担收发快递或者端茶送水等行政工作，而要开始专注于个人感兴趣的人力资源方向，比如绩效考核、薪酬核算等。在有了比较扎实的模块经验后，你还可以进一步尝试 BP 岗位。

在这一阶段，HR 还要成为企业业务的守护者。业务不断往前跑，发展速度过快，很可能会导致企业中出现各种问题，比如分工不明确、流程混乱、员工不遵守公司规章制度、出现贪腐问题等。这时老板可能会加强两个部门的权重，从而制衡业务团队，其中一个是财务部，另一个就是人力资源部。HR 的职责之一是避免公司内部出现贪污受贿的现象，以及与公司利益冲突的不正当行为，有的企业甚至会在 HR 部门中设置纪律监察团队。

第三，平台期。

当企业发展日益成熟，进入平台期，企业毛利会变得很低，竞争对手也可能会咬得很紧。这时，企业为了持续发展，就需要不断开发新产品，或者通过并购寻找新的利益点。作为 HR，你要根据公司的战略目标，提前做好人才布局，进行有预见性的团队搭建。此外，在这个阶段，企业员工的人数和之前相比，可能又有了成倍的增长，因此提高组织效率变得至关重要。HR 要考虑如何激活内部人才的良性竞争，持续提升人效。同时，随着商业环境的频繁迭代和业务发展的需求，企业还需要适当调整组织架构。所以，主动引领组织变革也是这类企业中 HR 的重要工作。

在企业不同的发展阶段，HR 的工作重点有着明显的差异。如果你所服务的企业刚刚成立不久，你要帮助企业完成从 0 到 1 的起步，发力点多半是在招聘、企业文化建设等方面。如果企业处于上升期，你要建立清晰的组织架构、强有力的组织治理机制。如果企业处于平台期，你就要重点关注绩效考核、提升组织能力和组织变革。

如果你即将成为一名 HR，那么你最好观察一下即将入职的公司正处于哪个发展阶段，并以此来判断自己的工作重点，找准可以发力的地方。

分工：不同架构中的 HR 分工有什么不同

· 肖焱

二十多年前，我在正大集团工作时，经常会参与一些 HR

体系建设的大项目，比如工作综合分析、全集团职位评估等。这种项目我们一做就是半年，甚至一年。项目完成后，我们会形成一整套新的人力资源管理制度。这样的事放到今天的互联网公司是不可想象的，因为可能你刚把制度做出来，与之相关的业务线就已经不存在了。

事实上，不仅企业的发展阶段会影响 HR 的工作重心和工作方式，行业差异和企业规模也会给 HR 的工作带来直接影响。

20 世纪 90 年代，随着一些大型外企进驻国内市场，"HR 六模块"的架构被引入。此后，企业的人力资源部门按照招聘、薪酬、绩效、培训、员工关系和人力资源战略规划的专业方向进行内部分工，有的企业还会把文化建设单独作为一个模块。这些企业的 HR 会在一个模块中深耕多年，从这个模块的专员做起，逐步成为专家、经理，然后再向 HR 总经理的位置努力。

六模块的分工模式有助于 HR 把注意力长期聚焦在某一个领域，把业务做深、做透，因此比较适合组织架构和业务线常年稳定的企业，比如一些老牌外企、国企等。但对组织架构和业务线经常调整、变化的企业，比如一些互联网企业来说，六模块的分工模式就显得不那么灵活了。

我在某互联网上市公司工作时，集团总部每年都会在 11

月总结当年集团组织架构、子公司和各业务单元的业务成果，并结合各自的次年战略规划、预测下一年度的整体业务，财务和人力预算。最终，这些工作会落实到各业务线负责人的"年度业绩任务书"上。在这个过程中，一些业务单元可能就会被裁撤或重组。

每年 1 月至 3 月都是公司最为动荡的时候，整个集团的组织架构、汇报关系、员工数量都有可能发生改变。如果集团采用的是 HR 六模块架构，那么组织架构发生任何变化，都需要各模块的人一起上阵。比如，集团要组建一个新的业务单元，那么招聘、薪酬、绩效等各个模块的 HR 都要参与进来。在此过程中，工作如何衔接和统筹都是问题，推进难度可想而知。

由于六模块架构难以对企业的战略变化做出快速响应，并且会导致集团对各业务单元管控不利、支持不到位和业务调头进展缓慢等问题，在高速发展的市场环境中，很多企业开始尝试用三支柱的方式重组人力资源部。

三支柱架构的理论基础是由美国密歇根大学罗斯商学院教授、人力资源管理大师戴维·尤里奇在 1997 年提出的，之后在 IBM 得到完善。这个理论将人力资源部门划分为三个单元：BP、SSC 和 COE（见图 1-1）。

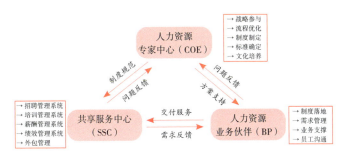

图1-1 人力资源三支柱

BP（Business Partner），就是业务伙伴，主要坚守在一线，直接服务于某一个业务团队，在深入理解业务的前提下，辅助业务负责人进行人员管理，支持业务团队进行招聘、团队建设等，并将公司的绩效、薪酬、晋升等制度落实到位。

SSC（Shared Services Center），就是共享服务中心，主要负责各业务单元的基础人事工作，比如办理入职、离职，办理社保，统计绩效，计算薪酬，组织培训等。把这些事务性工作收拢起来，可以避免重复建设和步调混乱，从而提高企业效能，同时加强集团对各业务单元的管控力度。

COE（Center of Excellence 或 Center of Expertise），就是人力资源专家中心，主要专注于某一个人力资源模块。这部分HR拥有深厚的理论和实践基础，他们身处后台，根据公司整体战略和业务部门的实际情况，研究、制定人力资源宏观制度，包括激励机制、薪酬策略、培训体系等。

三支柱架构能够快速响应公司的组织结构变化。当一个事业部被裁撤或者几个事业部被合并时，相应的 BP 会迅速跟上。因为他们十分了解业务，所以关于裁撤策略是什么，业务方向调整后要新招哪些人，事业部裁撤或合并后新的架构应该怎么安排等，他们都能够快速执行到位。如果新成立的事业部需要制定相应的人力资源制度，BP 也可以在拿到需求后快速反馈给 COE，由这些具有丰富经验的专家来完成制度制定。

如果你是在三支柱架构下工作的 HR，入行后的前一年或者前三年，你大概率会在 SSC 做一些基础工作，比如办理员工的入职、离职手续，办理社保，组织培训等。这是一名 HR 打基础、锻炼基本功的关键时期。之后，你可能会有三条发展路径。

路径一：如果你在 SSC 做的是绩效、薪酬或者培训方向的工作，并且想继续在这个专业上有所精进，那么你首先要面对的就是学习压力。这些领域专业性强，理论背景深厚，你只有主动学习，才有可能转去做一名相应方向的专家。

路径二：如果你在 SSC 做过两三个模块的工作，有比较好的协调资源的能力，对人、对事有敏锐的洞察力，那么你下一步可以选择做一名 BP，成为业务部门的事业伙伴。在深入了解业务、贴近业务团队的前提下，你可以积累组织发展和人才发展方面的经验，在未来成为一名OD（组织发展）专家或者TD（人才发展）专家，进而朝着HRD（人力资源总监）的方向努力。

路径三：如果你在SSC做的是员工管理工作，对相关法律规定比较熟悉，同时有一定的心理学基础，练就了比较好的谈心本领，能够妥善处理劳资矛盾、员工关系，协助企业规范用工，那么，你下一步可以朝着劳动关系专家的方向发展。

三支柱架构虽然能够比较灵活地响应企业变化，但在我国互联网公司近二十年的实践中，这种架构在许多方面出现了水土不服的情况。比如，COE长期站在后台，脱离业务，制定的人力资源制度难以落地；大部分BP难以与业务负责人建立真正的伙伴关系，只能跟着团队开例会，协助招聘，发挥不了应有的价值；而在SSC工作的HR由于长期陷在基础事务中，缺少提升专业技能的机会，容易产生消极、迷茫的心态。

所以，目前使用三支柱架构的企业主要集中在互联网公司，而大部分企业和事业单位还是用传统的六模块架构。即便是正在使用三支柱架构的企业，也没有生搬硬套该理论，而是做了适当的调整，比如将其调整为"前、中、后场"模式。

"前场"是BP和从COE中独立出来的专门的招聘团队。BP比较了解业务，负责将企业的人力资源制度落地执行，帮助业务团队达成业绩目标；而招聘团队要积累丰富的外部资源，在关键人才获取方面发挥作用。

"中场"是 SSC，要负责整个公司的人力资源事务性工作，其中各模块也会有专家岗，承担一部分 COE 的专业工作，让 HR 能够在专业上获得上升空间。

"后场"是 COE 团队，负责战略和制度制定，人员相对精简，把部分工作释放给 BP 和 SSC。

当然，这只是一种针对三支柱架构的改造模式，很多企业都会根据自身的发展需求搭建不同的 HR 部门架构。这是一个动态发展的过程。

不同行业、不同公司都会搭建适合自身发展的 HR 部门架构。比如，一家外企的北京分公司可能只有二三十个人，所以只需要一两个 HR 做好人事服务工作就好。再比如，工厂和小型制造企业按照模块去划分 HR 的分工就好，没必要做三支柱的设计。而一些几百人规模的公司，虽然采用了三支柱架构，但并不需要有那么多 COE 专家。其实，无论什么样的架构，HR 要完成的终极使命都是相同的，那就是让企业或者机构正常运营、有序工作。

▌标准：如何衡量 HR 的工作成果

· 张韫仪

HR 不像销售、产品研发等职业，从业者的能力可以直接通过结果——销售额、市场占有率等——来评价，HR 的工作成果无法一目了然地呈现出来。很多人因此认为，HR 就是一个无法拿到确切结果的职业，只要能妥善执行人力资源制度，对业务部门的需求做出快速响应就可以了。但实际上，HR 的工作成果也有明确的衡量标准。

一名合格的 HR 是企业管理者的伙伴，是协助企业或团队达成业务目标的有力推手。因此，看一名 HR 是否成功，最重要的就是看他所服务的团队是否成功，是否达成了目标，以及发展趋势如何。通常，我们会用"结果三问"来衡量 HR 的工作成果。

第一，团队的业绩好不好？ 比如，短期业绩能不能达标？长期趋势是持续向好，还是一路向下？这些都是衡量 HR 工作的重要标准。排除政策变化和行业变动等因素，如果团队不仅短期业绩不好，长期趋势也没有朝着好的方向发展，就说明团队可能在人才布局、专业能力、分工协作等方面出了问题，而这些都与 HR 的工作相关。当然，这些问题不只是 HR 的责任，但 HR 应该在其中有所作为，贡献价值。

第二，团队的组织能力强不强？ 组织能力就是一个团队开展工作的能力，其中包括速度、协同、学习、领导力、效率等 14 个衡量指标。在与竞争对手投入相同的情况下，组织能力强的团队能够以更高的生产效率和质量完成工作，为客户提供更加周到的服务和更加优质的体验，从而占据市场优势。一名优秀的 HR 必然熟知行业竞争态势，知道竞争对手和自己所服务团队的长板和短板，从而协助业务负责人取长补短。如果一名 HR 不能在行业中做到知己知彼，那就是在摸黑瞎干，团队的组织能力一定不会强。

第三，公司或团队文化正不正？ 能否长期保持好的业绩，取决于一个团队的文化是否积极向上、开放，以及团队能否形成合力。打造正向的团队文化是 HR 日常工作的重点，团队成员能否对目标达成共识，彼此之间的矛盾能否顺利化解，都是 HR 可以发挥作用的地方。

如何打造正向的团队文化呢？

首先，HR 要善于洞察团队的文化特点。文化是人心的外显，是很容易被感知到的。只要听这个团队中的十个人述职，你就能明显感受到团队的文化。其次，HR 还要积极引导团队的文化，尤其是在团队内部发生矛盾时，HR 要能够引导大家朝着有利于业务发展的方向，积极正向地去思考。这需要HR 有足够强的职业定力。

比如，我作为 HR，A 和我说："B 是团队的业务骨干，但他非常自私，特别不爱分享。"如果我顺着他说"对，B 这个人就是这么自私，不光你一人这么看"，长此以往，这个团队就会相互诋毁，相互不理解。而如果有足够的定力，我就会对 A 说："B 就是一个不善表达的人，你有这样的感受可能是因为沟通没到位，或者没有沟通的机会。"我帮 A 换了一个视角，打开心扉，并努力帮他们创造沟通的机会，这样团队的氛围就会变得开放、包容。所以，HR 的定力对一个团队的影响是巨大的。

业绩、组织能力、文化，是从企业跑得快不快的角度来衡量 HR 工作的三个维度。但企业不仅要跑得快，还要健康可持续地发展。衡量企业的发展是否健康可持续的核心标准，是人的发展。我们通常会用"健康三率"，也就是新员工离职率、员工晋升率和人员效率，来观察企业中人的发展。"健康三率"也能从侧面反映出 HR 的工作成果。

新员工离职率，就是入职半年内员工的离职数量与半年内入职总人数之间的比率。虽然新人入职前半年的离职率确实会比较高，但过高的比率，比如高于 40%，说明团队可能在薪资与工作强度的匹配度、管理水平、招聘情况等方面出现了问题，而这些都与 HR 有关。

员工晋升率是一年内升职员工与员工总数量的比率。一般情况下，员工晋升率保持在 10% ～ 20% 是比较合理的，过高或过低都不利于团队成长。如果晋升率低于 10%，说明组织梯队可能相对比较固化，上下流动受阻，活力较低；而晋升率超过 20%，说明组织可能发展过快，或者岗位设置不够合理。

人员效率，是工作总量与人员数量之间的比率，它能够反映出员工能力与工作流程是否清晰顺畅等问题。

无论是"结果三问"还是"健康三率"，实际上都是在用 HR 所支持的团队的发展情况来衡量其工作成果。如果你即将成为一名 HR，那么你可以在未来的日子里时刻提醒自己，不要只盯着手头正在做的一张表，或者约的一次面试，你最终的目标是要帮助团队取得成功，并且保持健康持续的发展。有了这个认知，你就会明白，眼下的所有工作都是在打基础。

你可能发现了，HR 的工作成果几乎全部体现在公司其他部门的运行中，比如业务部门的业绩好不好，员工晋升率是否适当，企业文化正不正，等等。对此，你可能会有一个疑问：我的工作成果都体现在别人身上，那我作为 HR 辛苦了半天，又在追求什么呢？其实，这正是 HR 职业的另一个重要特点。下面我们来看看盛莹老师的观点。

HR 的成就感来自哪里

▌角色：HR 要甘于站在聚光灯外

· 盛莹

最近十几年，国内企业成长速度加快，快到企业的管理水平经常跟不上其业务的发展。很多企业主不知道如何提升组织能力，于是越来越重视 HR 的价值，期待 HR 为企业做出更多贡献。在这样的背景下，一些曾经服务于知名企业的资深 HR 走到台前，以咨询师或者讲师的身份开设课程、举行演讲，创办了和 HR 有关的自媒体和社群。

坦白讲，我觉得现在大家对 HR 的认知是不够准确的。HR 的价值在自媒体和各类演讲中被放大了。

HR 的战略也好，体系也好，都要依托于企业的整体战略和管理思路。人才的选用育留，也要依托于企业各层级管理者的管理成熟度和管理水平。HR 更多的是站在幕后，洞察组织和人才的问题，提供解决方案，给管理者赋能，有节奏地推动各类机制和体系的建设。因此，真正在企业内部从事

HR 的人往往不会被那么多人关注到。

同时，由于 HR 的工作成果体现在自己所支持的团队业绩上，因此企业中的 HR 不仅很少受关注，很多时候甚至会缺少成就感和存在感。有些 HR 会在工作多年后陷入迷茫：我奋斗了这么多年，从来没有取得过什么成就，收入与其他岗位相比也毫无优势，为什么还要继续干这个？

那么，HR 的成就感到底来自哪里？他们奋斗的目标又是什么呢？我认为，要回答这个问题，就要先看看 HR 的职业定位。

在《英雄联盟》或《王者荣耀》这类游戏中，有一类角色比较特殊，他们虽然也会与其他英雄人物一起奔赴沙场，但其任务不是杀敌，而是做辅助、打配合。他们要时刻警惕并及时排除 ADC（射手或主攻手）身边的危险，即便自己损失惨重，也要优先保障 ADC 能获得更多资源。他们必须有很强的战略意识，要眼观六路、耳听八方，在合适的时间、地点组织其他人员展开团战。他们必须忠诚可靠，足智多谋，抓住一切可能的机会成就 ADC 以及整个团队，并且不争功劳，甘于奉献。我很愿意把 HR 的工作比作这类游戏中的辅助位。HR 的任务并不是彰显个人的能力或水平，而是通过成就他人，使整个团队获得胜利。

在游戏中，胜利之后，高光时刻往往属于 ADC 或者中路、上单这些角色，他们是冲锋陷阵的英雄，是耀眼的明星；而打辅助位的角色常常默默无闻，他们不被人关注，但不可或缺，甚至可能是团队的灵魂。与之类似，HR 也不是站在聚光灯下的角色。HR 要纵观全局，与管理层打好配合，协助团队打出节奏感，让大家各显其能。身为 HR，如果对聚光灯下的时刻充满期待，就容易动作变形，守不住原则和底线。

那么，既然不是站在聚光灯下的人，HR 为什么要辛苦工作，奋斗不止呢？

小丽是我们团队的一个 HRBP，她聪明好学，要性[1] 极强，但总是与自己负责的业务团队相处不愉快，业务团队开会或者团建时，从来不愿意叫她。我刚到公司时，问了她一个问题："你觉得自己在这家公司做到什么程度就算成功了？"她不假思索地回答："当然是公司年会上，HR 团队能够作为优秀团队获得表彰，上台领奖的时候。"就是因为有这种心态，她凡事都想帮业务团队指点江山，甚至有时急得直接自己上手帮业务团队干活。但无论她多聪明，说的、做的对或者不对，业务团队就是不喜欢与她沟通。后来我问她："如果你这么想拔得头筹，为什么不去做业务，反而来做 HR 呢？"她想了想，说自己更享受帮助他人成功的过程。我说："帮助他人

---

1. 所谓要性，就是对一件事的渴望，以及为之付出实际行动的意愿。

成功,重点在他人成功了,你才成功,而不是你代替他人成功;只有深入理解业务情况和业务痛点,你才能找到帮助业务成功的适当方法。"经过一段时间的磨合,她调整心态,真正去观察业务,了解这个团队的痛点,工作逐步步入了正轨。半年后,我又问她:"你还会觉得在公司年会上领奖很重要吗?"她的答案让我很感动,她说:"等什么时候咱们公司站在一个更大的舞台上,我才算成功。"

那么,HR 为什么能够以成就他人、成就组织为荣呢?难道人不应该先追求自我价值的实现吗?

美国著名社会心理学家戴维·麦克利兰的成就动机理论认为,人在社会中有三种需求:成就需求、权力需求、亲和需求。成就需求强烈的人喜欢冲锋陷阵,想要成为一个在别人看来非常强大的人;权力需求强烈的人最重视自己能对他人产生多大的影响,能否为他人带来改变;而亲和需求强烈的人非常在乎自己能否拥有稳定的亲密关系或者不错的人缘,如果没有,他们就会十分焦虑。HR 无疑属于权力需求强烈的人。当别人锋芒尽露、带兵打仗时,HR 更愿意去看全盘,看团队搭配怎么样,策略对不对,可能会发生什么风险,自己什么时候要去补位,等等。HR 喜欢在后方运筹帷幄,以自己的洞察和思考给团队带来改变,帮助团队获得成功。

所以,在选择成为一名 HR 之前,你要先了解清楚自己是不是一个权力需求强烈的人，是不是有一颗利他之心，能以成就他人为荣，以成就一个组织为使命。大学毕业后，我进入了一家咨询公司工作，之后的发展方向可以是做战略咨询，也可以是做数据分析和行业分析，这些专业化的工作其实收入很高。但我为什么要进入企业做 HR 呢？我问过自己，我的初心到底是什么？我想，我的初心是愿意成就人、发展人，用系统性的解决方案提升组织能力。这是我发自内心的动力。

HR 的价值感和成就感来自组织和他人的成长、公司或者业务团队的成功，而非自己有多么风光。从业这么多年，我还没见过哪家公司各方面都很差，它的 HR 却敢说自己很出色。公司经营不善，HR 责无旁贷，就像我们常说的，"雪山崩塌时，没有一朵雪花是无辜的"。

HR 之路，是一条漫长的修行之路。道阻且长，念念不忘。

HR 能否在工作中找到自我价值感和成就感，取决于他的专业水平，也取决于他内心深处的心理动机。其实，一个人的心理动机既出自本能，也会受到外界的诱导和唤醒。对很多人来说，并非从一开始就能在影响他人、成就他人的过程中获得满足，而是要经历一个缓慢的成长和思考过程。下面我们一起看看元气森林 CHO 张韫仪的心路历程。

▎心态：利他其实也是利己

· 张韫仪

　　HR 是一个站在幕后默默奉献的职业。HR 很少引人注意，其收入通常也不是公司中最高的。HR 这一职业为什么会吸引我呢？在回答这个问题之前，我先来讲讲自己的经历。

　　我父母是改革开放后的第一批创业者，那时候叫个体户。创业艰辛，他们对我和姐姐疏于照顾，我们不得不被"寄存"在爷爷奶奶家。我表弟是我们这一代唯一的男丁，在家里十分受宠，要什么有什么，这让我特别羡慕。所以，我从小就非常期待自己是个男孩子，能像男孩子一样强大、被人重视。

　　初中毕业的那个暑假很长，也很悠闲。我跟爸爸说："我不想再依赖你们了，我要自己去打工挣钱。"换作大部分父母，他们肯定会说："不行，家里不缺钱，你把学习搞好就行了。"但我爸爸很干脆地说："好，我给你想办法。"之后，他把我安排在火车站的一个售货亭做售货员，有时还要上夜班。

　　就这样，我开始了自己的第一份工作，踏入了"社会大学"。我开始感受到生存的不易，以及人性的不同侧面。

　　自己能挣钱的感觉太好了，我甚至有些上瘾。从那个暑假开始，每到假期我都会出去打工。我端过盘子，也做过打字员。挣了钱，我就背着包去旅行。每到一个地方，我都会花很多时间和当地人聊天,体验生活的丰富多彩。

这些经历让我早早地接触到社会,看到了在学校根本看不到的东西。在火车站卖货、在餐馆端盘子时,我看到了底层大众的艰辛与不易;在机关单位做打字员时,我看到了人们为一点利益而钩心斗角,彼此伤害;与乡间老人聊天时,我意识到了他们的人生与我熟悉的人的巨大差异。

我另一段珍贵的经历是做投后管理的十年。在此期间,我陪伴着不同行业、不同创业阶段的创业者前进,从不同规模企业的 CEO,到身价几十亿、上百亿美元的投资人。可能你认为这些人很成功、很幸福,但事实并不是这样。他们虽然有很好的物质生活条件,但也有焦虑和空虚、无奈与不得已。人的生存质量真的不能用钱来衡量。

记得我第一次拜访某世界头部无线电公司时,他们的 CEO 表现得十分傲慢,与我说话时鼻孔朝天,不可一世。但仅仅半年后,这家公司就因为内部"洗牌"把他"洗"出去了。我们再见面时,他是求职状态,用鸭舌帽和一副墨镜遮住了全脸,低着头,说话声音很小,整个人 down(低落)到了极点,仿佛在人间地狱里挣扎。

这十年,我看到了太多人和企业的起起落落,金钱和地位如过眼云烟。我开始思考,什么才是真正的强大。

　　年少时的经历，以及做投后管理之所见，让我更加明白生命的意义。我日常背一个简单的帆布包，即便有的 CEO 为了表示感谢送我几万、几十万元的名牌箱包，我也不会要。一个帆布包丢在哪里都不可惜，我觉得很自由。

　　可看淡成功，并不意味着躺平。什么才是真正的强大？什么才是我真正追求的呢？

　　做投后管理经常要当"救火队员"，帮助 CEO 解决一些"卡脖子"问题。记得一个夏天的上午，我刚进办公室，电话就突然响起，一家创业公司的 CEO 在电话那头急切地说："Tina，不管你在哪儿，我今天一定要见到你，告诉我你的位置。"前不久，我刚为他的公司解决了一系列问题，这个电话让我以为又发生了什么紧急情况，赶紧问："发生了什么？我在中关村。"他说："好，见面说，我中午前一定到。"

　　中关村在北京西四环附近，而他的公司在东三环外。将近中午 12 点，他果然赶来了。我一开门，见他满头大汗，气喘吁吁。他顾不上休息，微笑着对我说："Tina，你知道吗，我终于融到下一轮资了。"我当时眼泪都流出来了，他跑那么远就是为了跟我说一句话——融到下一轮资了。

　　这件事深深触动了我，让我感受到了非同寻常的温暖和满足。能帮助一个创业者迈上新台阶，而他对我又是如此感恩,这远比拿到丰厚的奖金、获得显赫的 title(头衔)更让我感到欣慰和满足。我逐渐明白,人生真正有价值的,是当我想起谁时,我内心萦绕着的是他对我微笑的样子,是我们曾经彼此在内心感受到温暖的那一瞬间。

成就他人带给我莫大的满足,让我感受到了自己的强大。我不断帮助别人实现目标,沉浸在欣喜与满足中,甚至开始有些膨胀。一个偶然的机会,我听到了一句话:"没有众生,佛又是谁的佛?"虽然我没有宗教信仰,可这句话让我泪流满面。是的,没有众生,佛就是一堆土;但是没有佛,众生又会身陷迷茫之中。他们彼此成就,谁也离不开谁。我突然明白,利他就是利己。

请你闭上眼睛想象一张阴阳图,它为什么不是一个圆直接切成两半,而是阴阳彼此交融?交融产生了永恒的变化,而阴阳也在交融中永恒地发展。利他只是单方面的输出和给予,是不完全的,甚至是无法成立的。当你在做利他之事时,别人也在滋养你,让你的内心更稳定、更喜悦。利他和利己是一体的两面。

成就他人,滋养自己,这大概就是 HR 这份工作最吸引我的地方。步入职场后,我的第一份工作就是 HR,之后做了七年猎头和十年投后管理。从 2021 年 7 月起,我开始担任元气森林的 CHO。虽然没有一直在企业一线做 HR,但其实我始终在做同一件事,那就是助力企业获得成功。

　　现在,你已经了解了 HR 工作的内容、衡量标准,以及对公司的价值。那么,这一职业对个人能力的要求是什么,而你又该如何判断自己是否适合做一名 HR 呢?

成为一名 HR 要具备哪些能力

▌门槛 : 不同模块的能力要求各有不同

·盛莹

对 HR 专业性要求高的公司,在招聘 HR 时,一般会看重三类专业背景的候选人:知名学府人力资源管理专业,这是公司最优先选择的专业;商科类专业,比如工商管理、财务、审计、统计等,这些专业与人力资源管理的关系比较紧密;心理学相关专业,这一类专业也比较受欢迎,因为 HR 做的是针对人的工作,有扎实的心理学基础,对你未来的发展有很多益处。

但如果以上专业你都没学过,也不意味着你就一定不能做 HR。事实上,人力资源部门在招聘时,对专业没有严格的限制。人力资源部门有各种专业背景的人,文科、理科、工科,甚至是艺术类专业。从这个角度看,HR 的入行门槛并不高,硬性条件也不多。

那么,什么样的人适合做 HR 呢? HR 各模块又有哪些能力要求呢？

新人入行后，可以选择的基础工作岗位有很多。你可以从人事基础服务做起，可以从基础招聘做起，也可以从工资核算、培训组织等方向做起。在 HR 的六个业务模块中，每个模块都有相应的基础岗位，也都可以往更高阶发展。

第一，人事基础服务包括员工关系、户口档案、社保公积金、入离调转等。只要你认真、细致、好学，待人接物有基本的礼仪，很快就可以胜任。但人事基础服务并不局限于这些事务性工作，它的发展空间其实很大。以此为起点，你可以发展成一名员工关系专家，也可以在用工流程和系统搭建方面有所建树。

员工关系专家的工作会涉及公司用工合同、工作模式的建设和迭代，以及与人力资源相关的法律合规工作。有些公司会把这部分职能划给法务部，有些公司则会把这部分工作放在人力资源部——法务部只负责解决与业务相关的法律问题。要想成为一名员工关系专家，你要有一定的法律基础，同时具备较强的策略能力和谈判能力，因为这个岗位还需要处理员工冲突，解决员工投诉和劳动纠纷等。

用工流程和系统搭建方面的工作会涉及假勤规定、人事基础信息管理、人力资源系统的管理等工作。在企业效率提升和数字化转型的过程中，这一岗位发挥着越来越重要的作用。如果想在这一岗位上发展，你就要具备很强的数据分析能力、逻辑思维能力；同时，由于数字化工具一直在持续迭代，你还要具备很强的系统使用能力和探索精神。如果你所在的公司是一家跨国企业，设置有海外共享服务中心，那么你还要具备一定的外语能力，同时对相关国家的劳动法也要十分熟悉。

第二，招聘模块的入门工作以简历筛选、安排面试为主。从招聘起步，一方面能够通过岗位 JD（职位描述）了解公司对各个岗位的人员知识、能力、技能的要求，更好地理解公司的用人方向和人才理念；另一方面也能有机会和大量候选人打交道，通过他们了解行业动态，以及不同的职场经历和职业要求。

做招聘工作，你首先得是一个乐于和人打交道的人，能够洞察候选人的特点和需求，有比较好的沟通能力和说服能力。同时，你要对招聘岗位的能力模型、业务特点和未来的发展空间有比较深的理解。对招聘岗位的理解越多，给候选人的信息越多，你招聘到的人才就越精准。但更重要的是，招聘工作需要你有很强的要性。面对一个符合岗位需求的人才，你要有持续跟进、咬住目标不放的精神，甚至要有"候选人虐我三百遍，我仍待他如初恋"的态度。

再往后，招聘专员有两个发展方向。你可以朝着资深招聘官的方向发展，承担起公司"高端寻聘"的任务。这就需要你积累自己的资源池，对行业中高级别、紧缺的人才有一定的储备。你也可以朝着招聘运营的方向发展，承担一些重点招聘项目，比如校园招聘、海外招聘，同时管理招聘渠道和招聘成本，并通过对招聘漏斗的管理提升招聘效率。在此基础上，你可以更上一层楼，成为招聘团队的管理者。

第三，培训模块的基础岗位会承担一些培训组织和引导工作，比如为某一次培训预订和布置会议室，组织培训的报名、签到，准备培训教材和物料等。你可能会觉得这些事情很简单，但能滴水不漏地组织好一场培训，其实并不容易。你不仅要有很强的责任心，要细心、耐心、踏实肯干，还要有非常强的规划能力、项目管理能力和执行力。只有把这些基础的组织工作做好，你才有可能逐步承担起培训主持、组织热身活动等工作。

再往后发展，你可能要开始设计一场培训或者规模更大的培训项目，比如领导力培训、沟通能力培训等。设计培训项目不能光搭建课程体系，你还要负责培训交付，包括哪些课程适合内部讲师，哪些课程可以采购，哪些课程需要重新开发等，你要想办法调动各方资源。也就是说，你既要做产品经理，又要做产品运营。做培训岗位的 HR 要有比较强的策划、搭建体系和执行落地能力，而如果你具备一定的讲课能力，愿意站到台前去分享，那么你在这条路上就能够走得更远。

一开始，培训模块被叫作 Training，后来发展成 LD（Learning Development，学习发展）或者 TD（Talent Development，人才发展）。每一个词都有它背后的逻辑。Training，从字面上理解就是做培训，请老师讲课，员工听，目的是完善员工的知识结构，拓宽员工的业务视野。LD 则从组织能力发展需求的角度出发，设计体系化的培训课程，建设企业内外训的资源池或者学习平台，为企业组织能力的提升贡献价值。TD 的落脚点在人才上，针对不同层级、不同序列，比如技术、产品、内容等进行人才管理，把员工的能力模型和任职资格提炼出来，有针对性地做出学习地图。同时，你还要通过人才盘点、继任者计划等方法，诊断员工有哪些能力是完善的，哪些能力还需要提升，并以此为基础做定制化的培训体系建设。TD 对专业能力的要求很高，需要你具有很强的建模能力、发展规划能力和评价技术。

第四，薪酬、绩效方向的新人每天与冰冷的表格和数据打交道，月复一月地计算和发放工资，可能会觉得工作特别无趣。如果沉不下心来，粗心大意，你就很容易犯错，给公司造成损失，或者导致其他员工投诉。所以，承担这个模块工作的 HR 首先要极其耐心和细心，并且对数字心怀敬畏，对数据的变化和隐藏的问题极其敏感。

在能够胜任基础工作的前提下，随着能力的提升，你会逐渐接触到薪酬设计、人工成本预算管理，或者绩效方案设计、绩效分析等工作。

第五，人力资源战略规划方向要求 HR 有比较全面的职业经验和成熟的战略思考能力。但这是否意味着刚入行的 HR 接触不到这些工作呢？并非如此。在人力资源战略规划方向，刚入行的新人会承担一些数据分析、竞品分析、行业调研和资料收集工作，需要有比较扎实的调研能力。再往后发展，你的工作会逐步涉及人力资源制度的执行规划，以及人力资源整体的战略规划。

HR 部门每个专业方向都有入门的基础工种，也有更高阶的专家岗位。入门工作虽然比较容易上手，但成为专家并不容易，你需要不断地学习和积累。在提升专业能力的同时，你还要加强软实力，提升自己与人打交道、拆解问题和整合资源等方面的能力。所以说，HR 是典型的门槛后置型职业，你需要实际上手做，才知道自己是否适合，擅长哪个方向，以及能在这条路上走多远。

HR 的入行门槛虽然不高，但从业人员的发展呈现出明显的金字塔型。据统计，有 52% 的 HR 为初级职员，17.2%

为高级职员，26.9% 为经理，4.85% 为总监，0.96% 为首席人力资源官 / 副总裁。也就是说，基层职员在这一行的占比接近 70%，而位于金字塔上部，总监及以上级别的人还不到行业人数的 6%。这个现象说明，HR 的进阶并非易事，大部分人都困在了基层岗位上。那么，除了岗位需求量的因素外，是什么把大多数人挡在了进阶路上，又是什么让一小部分人脱颖而出呢？

▎素养：为什么说优秀的 HR 一定是个好销售

· 梁冰

　　很多人都觉得 HR 的工作是偏后台的，他们默默无闻，做一些支持性的服务工作，只要听话、执行力强就可以了。在去通用电气之前，我也是这样认为的。但到了通用电气之后，我发现了一个非常奇怪的现象，那就是虽然 HR 基础岗位比较像秘书或者助理，但各个模块，不管是招聘、培训还是绩效，能做到优秀的 HR 都具备销售人员的素质，有很强的销售能力。

　　什么是销售能力？能说会道，嘴皮子利索就行吗？当然不是。销售能力其实是说服别人的能力，说服别人接受自己的思路和解决方案。

首先，要想说服别人，你必须要有敏锐的洞察力。员工和老板都是 HR 的客户，你的客户到底需要什么？他们的痛点在哪里？你要倾听、调研和挖掘。客户的需求就是你的工作方向，只有符合客户的需求，你才有可能让对方接受你的思路和想法。HR 各个模块的工作都是如此。

在实际工作中，很多 HR 都会头疼一件事——不知道老板下一步要干什么，总觉得老板经常搞突然袭击，交代的事情恨不得第二天就要见到结果。但面对老板的突然袭击，优秀的 HR 都会提前有所准备。那么，如何预见老板的需求，和老板想到一起呢？在日常工作中，你要密切关注老板的讲话、报告，了解公司下一步的发展动向，以便在这个方向上提前做好准备。

其次，优秀的销售不是卖产品，而是帮客户解决问题；同样，优秀的 HR 也不会把工作局限在为老板或者员工办几件事上，而是会为企业或者团队管理提供系统性的解决方案。比如培训，你不能为了培训而培训，而要通过培训解决一系列业务问题，或者搭建一整套人才能力成长体系。你要有系统性的思考，把一个项目、一件事的前因后果想清楚，而不能只是简单地请一位老师办一场讲座。

最后，一项制度制定出来后，HR 要说服大家接受，获得大家的支持。这同样需要 HR 洞察客户需求。你不能以管理者的姿态说，我们是管理部门，我们制定的制度员工必须执行。如果有这种心态，你的工作一定做不下去。薪酬政策、绩效考核方案或者文化建设计划，不是贴在墙上大家就会自动接受的，即便大家不表达，心里也会有各种各样的想法，导致你在执行时遇到各种意想不到的困难。你要想让大家买账，就得解释清楚为什么这么做，这么做的好处是什么，并且要说到大家的心坎儿里。优秀的 HR 做事情时，能够先打动人心，再往下执行。

说服能力并不只是口才能力，更是对客户需求的洞察能力，以及提供解决方案的能力。HR 的工作其实是把自己的想法卖给公司和员工，而能不能卖出去，取决于你是否能了解和满足对方的需求。

销售能力要强，是梁冰老师对优秀 HR 所需素养的高度概括。它的内核其实是在说，HR 要以客户导向的思维来想问题。这种思维不仅能帮你洞察老板和员工的真实需求，更能让你在两者之间找到平衡。此外，销售能力也包括提供解决方案的能力，也就是解决客户难题和痛点的能力。

如果再往下拆解，客户导向的思维方式其实还包含主动性、同理心、原则性等若干要素。主动性是说，你要主动去思考、去洞察，而不能被动地等着分配任务；同理心是说，你要能换位思考，理解不同岗位员工的所思所想；原则性是说，你要明确公司的发展方向和根本原则，知道红线在哪儿，什么能做，什么不能做。所以，客户导向的思维方式说起来容易，真正做到可不简单。

那么，HR 如何才能具备这些能力呢？别着急，下面盛莹老师将为我们分享 HR 的成长之路。

HR 要经历哪几个成长阶段

· 盛莹

对 HR 来说，职业发展是一个爬坡的过程还是上台阶的过程？我认为是上台阶的过程。爬坡，靠的是时间的积累，只要你有足够的毅力坚持下去，每一步都是成长；但上台阶则不同，你可能长时间处于同一水平，只有持续积累，使能力获得大幅跃升，才有可能向下一个台阶发力。上台阶的过程必然要经历撕扯，而撕扯必然是疼的。

在我看来，HR 的职业生涯可以划分为三大台阶。

第一个台阶叫"照葫芦画瓢打基础"，通常需要 3 ～ 5 年的工作经验。在这个阶段，你可能是某个模块的新手，主要任务是踏踏实实地打牢基本功。你可能要先从模仿开始，看看别人是怎么做的，然后有样学样，做到准确无误和快速响应。但这并不够，你还要知道这个模块中的方法论，搞清楚这个模块到底在企业管理中起到什么作用。比如绩效，你不仅要定期收集和统计核算绩效数据，还要计算每个阶段的数据同比、环比有什么差异，为什么要这样做绩效方案，绩效方案对业务进行了哪些方面的约束，等等。你要不断地思考、分析，通过看似简单的工作，理解和把握 HR 真正的逻辑。

第二个台阶叫"手中有剑有功夫"，一般需要 5 ～ 15 年的工作经验。此时，你已经在一到两个模块中得到了充分的锻炼，理解了这一模块的方法论，能够在实践中熟练使用。在这一阶段，你的目标是成为一名可以独立工作的 BP，或者是某个模块经验丰富的 COE 专家。

一套完整的方法论是对某一类问题的一般性解法和原则，通常包含对问题的认知、对目标的拆解、对技巧细节的掌握等。为什么总结方法论这么重要？因为这会让你把过去的实践积累真正沉淀为自身的能力，从能够解决单项问题升级为能够解决系统问题，从一个点的能力变成一条线、一个面的能力，这是一个把方法论不断升级和内化的过程。这样，当你再遇到一个问题或者一个需求后，你就不会应激地去解决，而是可以有条不紊地制定解决方案，协调资源，有策略、有节奏地把事情搞定。

比如，公司要组建一个全新的团队，要求一个月招到 60个人，业务负责人因此很焦虑，不停地催促你赶紧帮他招人。这时，你的回答不能是："60 个人，行，我明天先给您一批简历，您先看看……"这样做，意味着你只是简历的二传手，只能做一些简单的执行工作。

正确的做法应该是什么？你首先要向业务负责人了解清楚这个部门的业务定位，是以生产为主还是以销售为主，要承担的短期和长期目标是什么，进而确定这 60 个人的人才画像和人才结构，搞清楚这些人中需要有几个高阶、几个骨干、几个一线、几个后台。之后，你要结合对业务的理解和对人才市场的盘点，清楚地划分出哪些事情是能够快速开始做的，哪些可能会是风险点。这样一来，你就知道这 60 个人该怎么招了：先招谁，后招谁，什么人可以先缓一缓；高阶的人可能在哪儿，有什么渠道可以找到他，一线的人可能来自哪些公司，市场上竞争对手的长板和短板是什么，我们的团队要做出哪些差异化；在招聘过程中，要怎么和业务负责人打配合……你要给业务负责人提供一个步骤清晰、重点突出的团队搭建方案，让工作有序展开。而当业务负责人看到这个有策略、有计划的方案时，他一定会认为你这个人很靠谱。

在日常工作中，我们可以看到大量 HR 只专注于解决单个问题。他们工作十分积极，你让他们招人，他们就立马给你一堆简历；你让他们做总结，他们就马上给你一份工整的表格或者漂亮的 PPT。但你会发现，他们总是缺少判断需求和界定问题的能力，无法触及业务深层次的需求，不能解决系统性问题。这就是因为他们的方法论沉淀得不够深，在认知上不能形成线和面。他们在用"战术上的勤奋掩盖战略上的懒惰",因此总上不去第二个台阶。

要想成功迈上第二个台阶,HR 不仅要有解法,还要能让方案落地,执行到位。比如,公司要进行组织架构调整,首先,你要基于对公司战略的理解和当下面临的问题进行思考,为什么要进行这次调整,行业的大背景和公司痛点是什么,在架构调整背后,公司负责人真正关注的是什么……把这些问题都搞清楚了,你才会真正理解这次组织架构调整的方向是什么。其次,在调整的过程中,面对不同层级的管理者和员工,要用什么样的策略进行沟通,如何与业务负责人打好配合,什么时候要去推他一把,什么时候要去拽他一把……这些都需要你审时度势,在合适的时机做出合适的动作。最后,你做了动作,别人是否响应,是否愿意跟随,和你的个人号召力也息息相关。

在第二个阶段,你的能力将面临全面挑战,过硬的专业能力、强有力的执行力、敏锐的洞察力缺一不可;同时,你也要有个人影响力和号召力的加持。只有具备了以上所有能力,你才有可能更上一层楼。

第三个台阶叫"自成一家",一般需要 15 年以上的工作经验。在这个阶段,你要在积累中形成自己的方法论体系,能够协助公司制定人力资源战略,洞察组织未来的可能性,并提前规避风险。在这个阶段，有些 HR 会向行业输出自己的思考，树立自己的行业影响力。

以上三个阶段是我对 HR 职业发展的一些思考，但不能涵盖所有人的情况。事实上，每个人都有自己的发展节奏，有人可能在第一阶段就干了 8 年，也有人入行四五年就形成了自己的方法论。无论哪种情况，HR 最好能清晰地知道自己正处于职业进阶道路上的哪个位置，搞清楚自己欠缺什么，以及下一步的努力方向是什么。

对 HR 来说，最糟糕的情况是，处在一个阶段太久而不自知，不知道自己的能力还需要怎样的增长，认为这一行不过如此。比如，一个人在一家公司的 HR 岗位上工作了近 10 年，对公司业务、人员都十分熟悉，因而获得了晋升，他误以为这就是上了一个台阶，但实际上其能力依然处于第一阶段。又比如，一个人通过持续性跳槽，薪水一直有微小涨幅，但实际能力始终没迈上第二个台阶。以上这两种人可能自我感觉都还不错，但等到了一定的阶段，比如超过 35 岁，将近 40 岁时，他们会突然发现自己遭遇了职业瓶颈，很难再往上迈一个台阶。他们无法给企业贡献更多的价值和智慧，但薪水可能已经是经理的水平，这时企业管理者会认为他们的能力水平与工作年限不匹配，认为他们"不值"。

停滞在第二个台阶上的人其实也不少。通过专业的积累，他们能够形成自己的方法论，经验也很丰富，但由于缺少对组织和人性的理解，他们无法灵活运用经验和方法，无法有节奏、有策略地推进和发挥影响力，因而也就无法对战略和趋势形成完整的思考。比如，有一种比较常见的 HR 叫作"知心大姐"，她们工作时间很长，可能已经 40 多岁，很有经验，也很热心，能解决很多问题，员工和管理层对其工作水平也很认可，但她们永远都成不了企业主的事业伙伴，成不了人力资源部门的一号位。

所以，HR 的职业发展不是爬坡，不是一直走下去就能到达顶端的，它是一个上台阶的跃升过程，需要沉淀和蓄力，更需要经历成长的痛。

HR 的收入怎么样

· 张韫仪

人们普遍认为, HR 的薪酬水平不会很高, 因为人力资源部门在企业中是支持部门, 不直接创造价值。实际上, HR 的薪酬水平不能一概而论, 不同地区、不同行业、不同公司的 HR 收入差异很大, 有的会远超所在地区的平均工资, 有的则在平均工资水平上下徘徊。比如, 人力资源专员的年薪一般在 6 万～ 20 万元, 人力资源主管或经理的年薪可能在 20 万～ 60 万元。导致差距如此巨大的核心原因有两点, 一是行业的发展趋势, 二是企业的市场占位。

不同行业的 HR 收入差异明显。金融、互联网和咨询行业的 HR 薪水比较高, 比如投资行业的 HRD 或 CHO 年薪基本都会过百万元, 有的甚至高达二三百万元; 在与制药、半导体、人工智能和芯片等领域相关的企业中, HR 的年薪一般在 50 万元以上, 很少有能过百万元的, 处于行业中等水平; 而制造、能源、消费、零售等行业的 HR 薪水则相对较低。

HR 的薪资水平还会受到企业规模的影响。比如，一些互联网大厂中某个业务单元的 BP 年薪大概在 80 万～ 120 万元，而一些中小企业的 BP 年薪可能不到 20 万元。

此外，由于职业经历和学业背景不同，即便是在同一家公司，处于同样的岗位，HR 也可能拿着不同的薪酬。从发薪策略上来说，企业不会因为你在什么岗位就给你多少钱，而是会根据你的能力、背景和之前的收入，给你匹配合适的薪资。比如在 HR 专员中，有一部分是从老板助理、行政岗位转过来的，他们的月薪估计就是在其原来月薪的基础上有一点点增长，甚至不变，只有几千元；而如果这个专员毕业于知名学府的人力资源专业，那他的月薪肯定要过万元。再比如人力资源经理，这个岗位的年薪大多在 50 万元左右，但如果你是刚刚从行政主管的岗位转过来的，就不可能给到这个年薪，因为你的各项能力还没有得到验证，能否胜任还不得而知。

所以，在考虑加入哪一家企业，能拿到什么水平的薪酬时，除了关注行业发展和企业的市场占位，你还要看看自身的职业背景和能力水平是否具有优势。

不同地区、不同行业、不同职级的 HR 薪酬水平差异巨大。我们以国内某一线城市的 HR 平均收入为例（见表 1-1 和图 1-2），从侧面了解一下这个行业的收入水平。

表1-1　国内某一线城市HR职级与薪酬

	各业务模块职级序列	年薪范围/元	业务伙伴级别序列	年薪范围/元
第一个台阶（3～5年）	人力资源助理	6万～12万		
	人力资源专员	9万～18万		
第二个台阶（5～15年）	人力资源主管	14万～28万	BP一级	17万～34万
	人力资源经理	30万～60万	BP二级	32万～65万
	高级人力资源经理	60万～110万	BP三级	75万～120万
	HRD	130万～160万		
第三个台阶（15年以上）	CHO	150万以上		

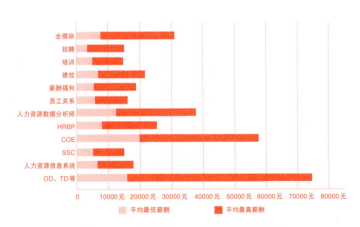

图1-2　不同模块HR的平均月薪区间

HR 工作不力会带来哪些风险

· 张韫仪

HR 的使命是成就企业、成就他人，而不是站在聚光灯下收获掌声。那这是不是意味着 HR 的工作不存在风险，即便工作失利，责任也是他人的呢？

举个例子。一个团队的重要岗位新入职了一名员工，但他工作未满一个月就走了。很多人可能会觉得，这名新员工很浮躁，或者是业务负责人眼光不准。但实际上，如果把问题拆开来看，可能原因就没那么简单了。有可能是业务负责人不善管理、缺乏领导力，让新人没有跟随的动力；也有可能是这个人压根儿就不符合岗位要求。如果是前者，说明 HR 给业务负责人的支持和赋能不够；如果是后者，说明 HR 根本没搞明白这个岗位的人才画像，盲目招聘。再比如，销售团队业绩长期低迷，很多人可能会简单地认为一定是销售负责人领导不力，团队成员能力偏弱。但如果细致分析，你会发现，导致业绩低迷的原因可能是公司缺乏针对销售团队的合理的激励措施，同时，企业的文化价值观也没有传达到位。

而这些都是 HR 的职责所在。

不管是招聘一个人，还是一整条业务线的业绩结果，都与 HR 的工作息息相关。事实上，HR 的工作不力给企业带来的风险远远不止于此。那么，究竟有什么风险呢？

第一，战略风险。 HR 没有制定清楚企业的人才战略是非常致命的。比如，HR 没有做人才战略规划，会导致在业务需要紧锣密鼓地往前跑时，人才跟不上，出现断层。再比如，一家公司没有高管的继任者规划，当某高管突然离职，或者被发现存在重要能力缺陷时，就没有人能及时填补空缺。在这方面，华为是个特别好的例子。华为会提前二十年做人才战略规划，用一套完整的人才成长策略，帮助企业发现人才，建立完整的人才梯度。这都源自对战略风险的思考。试想一下，如果一个企业出现人才断层，HR 如何逃得了干系？如果 HR 因此被老板问责，甚至被换掉，也是很正常的事情。

第二，组织能力风险。 衡量组织能力强弱的 14 个指标，其实依托于业务流程和岗位职责边界是否清晰。这两方面都定义清楚了，才能看激励机制是否合理、有效，是否能提升人效指标和组织能力。如果流程不清，岗位职责边界模糊，激励机制跟不上，团队的组织能力当然会比较弱，拿结果、出业绩的能力也不会强。团队业绩低迷，HR 自然会"挨板子"，在这家公司也不会有什么前途可言。

在日常工作中，HR 面对每一件事，都要从组织的维度思考，避免组织能力被拉低。比如，新冠疫情期间，HR 要照顾好员工的身心健康，发放一些必要的物资，做一些书面安抚，同时组织好员工居家办公，这涉及企业文化中的人文关怀、激励，以及新办公条件下的流程管理。这一系列工作做不到位，企业就可能会出现人心涣散、组织效率低下的问题。

第三，成本风险。业务团队总是喊人手不够，要求大量招人，如果这时 HR 没有做好人员的成本控制，就会给公司经营带来极大的风险。比如，销售团队业绩看上去不错，老板以为挣到钱了，但回头一看，销售部人员冗余，人力成本奇高，直接拉低了公司的利润水平，给公司的经营拖了后腿。

成本风险还涉及关键人才的引进。为了让业务能持续往前跑，公司经常会不惜重金聘请一位"空降兵"。这时，HR 就要提高成本风险意识，全面审视这个人的性价比究竟如何。因为一个关键人才的选用成本和留育成本都很高，如果他在这家公司水土不服，没多久就离职了，这会给整个组织带来方方面面的影响。付出这么大的成本，最后却没有看到想要的结果，老板通常也会把板子打在 HR 身上。

第四，合规风险。很多创业型企业都觉得自己规模小，还没上市，可以做一些不合规的事，比如不给员工办理公积金，不给部分员工办理社保等。这样做的风险在于，如果被稽查发现并处罚，这家公司可能就永远无法上市了。遇到这种情况，HR 要及时让老板意识到未来的风险。再比如，有些公司在裁员时经常会耍些小聪明，不主动辞退员工，而是想办法让员工主动提出离职。在这个过程中，员工经常会抓住一些细节问题，对公司提起仲裁。另外，加班费是否合规也容易引起纠纷甚至仲裁。劳动仲裁不仅会给企业带来资金损失，更重要的是可能会带来舆论风险，使企业的运转、融资和招聘受到负面影响。

团队运行中出现的以上所有负面结果都会给 HR 的职业发展带来风险，HR 不仅不会受到公司认可，还可能会被进一步边缘化。所以，如果计划加入 HR 的行列，你一定要明白，自己的每一项工作都事关重大，会影响企业运行的方方面面。

除了公司系统问题以及个人能力局限给 HR 带来的职业风险外，HR 其实还面临另一项挑战。随着人工智能的快速发展，尤其是 ChatGPT 这类应用问世以来，人们越来越担心某些职业会被取代。对于 HR 来说，一些基础工作，比如薪酬核算、绩效统计和分析、简历筛选、培训内容规划等都有可能不再需要人工劳动。与此相应，沟通、洞察、判断等能力也将不再仅仅是影响 HR 晋升和发展的因素，而是有可能直接成为这个职业的门槛。如果你选择成为一名 HR，请做好迎接这一挑战的准备。

HR 做久了有哪些出路

▌出路：基本功是未来选择道路的前提

· 佟磊

HR 这一职业看上去门槛不高，但做久了你会发现，HR 的天花板会越来越高，大多数人一辈子都很难达到高阶职位。这是因为人力资源部门是一个职能部门，人员数量不会很多，一个 BP 可以负责好几个业务团队，一个 SSC 也可以对应几百人的业务。一个企业做产品或者做内容的可能有十几个甚至几十个部门，相应地需要好几个 VP（副总裁），而人力资源部门肯定只有一个 VP。岗位少，上升通道狭窄，决定了这一职业的竞争比较激烈。成不了 VP，又不甘心原地踏步的人，很有可能会选择跳槽离开。

HR 职业上升艰难的另一个原因，是这一行对人的综合能力要求非常高，只有全面具备学习能力、表达能力、社交能力、对人对事的洞察能力等综合素质的人，才能最终脱颖而出。比如，有的人逻辑分析能力特别强，做绩效和薪酬很出色，但表达不行，在公司会议上表现平平，对其他人没什么影响力，这就意味着他可能只能胜任某一模块的业务，而不能承担更多管理工作。如果长期得不到晋升，这样的人也可能会选择离开，去其他公司追求更高的薪水。

即便一个 HR 通过重重关卡，最终成为一家企业的 HR 一号位，他也可能会因为这样那样的原因离开这家企业。一个普遍现象是，HR 到了 40 岁左右就会开始焦虑，开始考虑自己未来的出路在哪儿。

一般来说，在一个行业扎根多年的 HR 除了跳槽去其他公司，继续在 HR 行业发展，可能还有另外两种选择：一种是转去做业务，另一种是跟着业务负责人去创业。

先来看第一种选择。资深 BP 长期扎根在一家公司或者一个业务团队，对这个行业的价值生产、竞争环境有非常深入的了解，逐步掌握了这个行业的思考逻辑；同时，因为日常要不停地了解这个行业的发展和组织情况，所以他在行业中积累了比较多的人脉，甚至比业务负责人的人脉还要广，那么有朝一日，如果公司需要，他就可以转身去做业务。不过，真正能上手做业务的 HR 毕竟是少数。

在一个行业有丰富积累的 HR 还有另一条出路，就是当自己支持的业务负责人决定创业时，成为其创业核心成员。某些公司非常重视 HR 的价值贡献，日常赋予了他们很大的工作空间，所以 HR 有非常大的话语权，同时对业务的理解也很深，能够给业务人员强有力的支持。业务负责人因此习惯了与 HR 做搭档，甚至对 HR 产生了依赖。当他决定创业时，往往会拉上 HR，共同组建创业团队。比如我认识的一名 HR，她当时是一家公司的招聘负责人，后来与产研部门的一位负责人出来创业。创业阶段，她身兼数职，不仅负责整个团队的搭建，同时还做了很多业务方面的运营工作。

其实，除了这两种出路，HR 还有很多其他选择，比如做咨询或者当讲师。在我看来，不管未来做什么，HR 再次做职业选择的前提都是扎实的 HR 基本功、在一个行业的深厚积累和不断学习的精神。

对大多数 HR 来说，转型做业务和跟随业务负责人创业这两条路，都不是那么容易走的。除此之外，HR 还有哪些出路呢？来看看盛莹老师的分享。

▎判断：根据自己的成长需求进行选择

· 盛莹

与很多外企的 HR 可以长久服务一家公司不同，在中国，能够陪伴企业十几年、几十年的 HR 并不多。那么，这些离开企业的 HR 都去哪儿了呢?

进入咨询行业,为企业做人力资源管理咨询可能是部分 HR 离开企业后的选择之一。咨询公司的人力资源顾问和企业内部的 HR 不同。如果你是企业内部的 HR,就要有"过日子"的心态,成为这个家的贤内助、大管家,要有使命感和长期主义精神,追求长线结果。在这个过程中,你要为各种制度的制定和执行落地操心,既要受得了委屈、担得起责任,又要能为组织的未来进行前瞻性的思考。

如果你是一名咨询公司的人力资源顾问,就需要在某一个或者某几个领域具有很强的专业能力,对相关行业有深刻的洞察和广泛的视野,有一套自己的方法论。拿到一个项目后,你可以通过与咨询团队的分工合作,为客户开拓外部视野,诊断内部问题,在规定的周期内交付解决方案。咨询顾问做的是阶段性工作,你的成就感往往来自对企业的人力资源管理指点江山。而在方案执行过程中遇到了哪些障碍,是否能够真正帮企业解决问题,坦白说,咨询顾问是很难看到的。

除了去咨询公司,HR 离开企业后还有一些其他选择。比如,有人会选择做高管教练,为客户公司的管理者或者管理团队赋能,陪伴他们成长;有人会选择开课当老师,站在台前传道授业解惑,分享自己的经验和案例;有人也会选择加入投资机构，协助投资机构进行投后人才和组织管理，因为投资早期业务的核心其实是对人的投资。

当然，HR 还可以考虑和曾经的业务伙伴一起创业。但如果要走这一步，你一定要三思，不能单纯因为与大家关系好就贸然投身其中。在选择是否参与创业时，你一定要思考两件事。第一，你与这位业务伙伴的合作模式和合作关系是怎样的？你们是否很熟悉，过去磨合得好不好？如果一起创业，你们最好能够相互提供价值，这样你才能真正推动一些事情。第二，你当前的能力模型中还缺少哪些能力？创业这条路是否能带给你真正的成长？

我之前的一个业务伙伴选择了创业，并邀请我加入他的团队，但经过思考，我还是婉拒了。埃森哲培养了我结构化的思考能力，百度使我掌握了理解业务和在企业中做 BP 的方法。经过这么多年的锤炼，我认为自己的优势在于组织变革，协助业务做从 1 到 100 的能力提升，而我下一步应该在这个方向上继续成长。但如果我在那个时间点加入一家初创公司，把大量精力投入到从 0 到 1 的团队搭建中，坦白说，这不符合我的成长节奏。

当然，你不一定非要把自己的职业发展圈定在 HR 专业范围里。依靠过往的职业积累，你完全可以把自己的道路拓宽。比如，过去专职做招聘的人，可以转做销售或者商务合作;过去是一名优秀的 BP,理论上转做业务也是可行的,毕竟管理能力的模型是相通的。

所以,HR 可以有很多条出路。在选择之前,你可以综合判断自己的发展诉求、能力特点和发展期待,从而找到适合自己的路。当然,这些选择的前提是,你在做一名企业 HR 时有比较深厚的经验积累。

根据三茅人力资源网的统计数据,HR 转行后的选择主要集中在图 1-3 所示的几个方面,其中成为管理咨询师和培训师的概率最大,均超过了 30%。

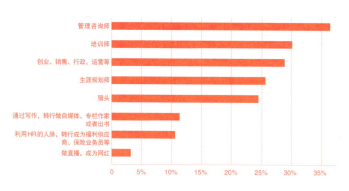

图 1-3　HR 的转行选择

CHAPTER 2

第二章
新手上路

现在，你对 HR 这个职业有了初步的认识，但这还只是第一步。如果想投身其中，或者深入了解这一职业的工作和思维特点，你还需要进一步了解 HR 的职业发展进程。

请跟随我们来到 HR 职业预演之旅的第一部分——"新手上路"。

在这里，你会看到一名 HR 从进入大学校门，到初涉职场，再到逐渐成熟的过程，也会看到他在途中遇到的困惑和问题，比如：

· 做 HR 是去大公司还是小公司？

· HR 新人需要哪几方面的知识结构？

· HR 新人要如何面对枯燥的工作，以及如何在周而复始的简单工作中进步？

· HR 新人一定不能做哪些事？

· HR 新人如何提高自己与高阶人才对话的能力？

在开始这一章的阅读之前，请你想象自己是一个将 HR 作为职业理想的年轻人，你将在求学和初入职场的道路上蹒跚前行，而六位老师会陪伴在你左右，与你分享自己的心得和思考，给你提供建议。

如果你已经大学毕业，不再面临选学校和规划校园生活的问题，也可以直接跳到"毕业之后进大公司还是小公司"这一篇文章阅读。

让我们开始吧！

◎ 入行准备

高中阶段要做哪些准备

▎匹配：寻找你未来的职业方向 [1]

很少有高中生会把成为一名 HR 当作人生理想，他们更有可能梦想成为科学家、投资人、律师、工程师、建筑师，等等。相比于这些职业，HR 既不会取得什么耀眼的成就，也不会拥有惊人的财富，他们坐在办公室里，看上去十分普通。

不过，如果你读过一些企业成长或者管理类的书，就会发现，HR 是企业管理中的灵魂所在。他们虽然站在幕后，却是老板的左膀右臂，影响着企业中的每一个人。同时，HR 的工作环境一般不会太艰苦，也很少受到行业更新迭代的影响，还可以跨行业跳槽。比如，从前服务于制造业的 HR，转去做零售业的 HR 并没有明显的壁垒。你可能会因此对这个职业心驰神往，但别着急，在选择未来的专业方向前，你可以先了

---

1. 本篇内容由编著者根据相关参考资料和访谈整理而成。后文有未标注受访者的文章，也是这种情况。

解一下 HR 这一职业对从业者的要求，看看自己是否真的适合进入这一行。

HR 的性格既要有热情、主动、谦和、公正的一面，也要有多疑、内敛、逻辑性强的一面。热情、主动、谦和、公正使 HR 可以和员工进行良好的沟通，做到公平公正。HR 要直面各级员工的薪资待遇、绩效考评等，要做到面对高薪员工不嫉妒，面对轻松岗位的员工不羡慕，面对权力岗位的员工不胆怯。而多疑、内敛、逻辑性强则有助于 HR 洞察人的本质，权衡利弊，运用工具做出合理分析，避免粗糙、武断和盲目。

那么，怎么判断自己是否符合这些特征呢？你可以通过职业测评来了解自己。国际上比较流行的职业类测评包括霍兰德 SDS 职业兴趣测试、职业锚测评、贝尔宾团队角色模型、TKI 冲突处理模型测验、DISC 个性测验、MBTI 职业性格测试等。其中比较适合高中生和大学生使用的是霍兰德 SDS 职业兴趣测试和 MBTI 职业性格测试。

在霍兰德 SDS 职业兴趣测试中，HR 具有典型的社会型特点：寻求广泛的人际关系，喜欢不断结交新朋友。他们喜欢助人，愿意教导别人，渴望发挥自己的社会作用。同时，HR 部门中负责绩效、薪酬模块的人才还具有研究型特点：他们能够进行抽象的分析工作，善于观察、估测、衡量，形成理论，最终解决问题。

而在 MBTI 职业性格测试中，很多 HR 属于以下三种类型——

INFJ：这类人寻求思想、关系、物质之间的意义和联系，希望了解什么能够激励人，对人有很强的洞察力。他们富有责任心，对于怎样更好地服务他人有着清晰的规划，并能够坚定不移地朝着目标努力。这种特点对于 HR 主管及以上级别的人非常重要，因为他们要处理来自企业各部门的复杂局面，要在员工与公司之间寻求平衡，帮助公司达成战略目标。

ENFP：这类人热情洋溢、富有想象力，认为人生有很多可能性。他们有很强的即兴发挥能力，善于将各种事情和繁杂的信息联系起来，然后做出判断、解决问题。这些性格使 HR 可以在员工面前表现得大方得体、善于沟通、赏罚公平。

ISTJ：这类人有着一副热心肠、富有责任心，愿意与他人协作，能体察到他人所需，并竭尽全力予以帮助。这样的特点有助于 HR 处理招聘面试、员工关系等工作。

通过这些测评，你大致能了解自己未来的职业方向。如果你对社交提不起兴趣，不喜欢参加班级活动，不愿意承担一些义务工作；如果你喜欢沉浸在自己的世界里研究问题，不关心别人怎么看自己，那么你肯定不适合做一名 HR。找准自己的特点，选对方向，是你未来奋发努力的前提。

选择：寻找适合你的学校和专业

· 盛莹

HR 不像律师、医生那样，要想入行必须是科班出身。很多公司在招聘 HR 时不太关注候选人的毕业院校和专业背景。但我认为，如果立志在 HR 这一职业上发展，想获得比较高的起点，那你还是需要在就读院校和专业上有所选择。

在招聘 HR 时，我们一般会把应聘者的毕业院校和专业分为以下几类：

第一类是人力资源管理专业。很多文科类院校都有这个专业，其中最好的当数中国人民大学劳动人事学院，也就是我们经常说的"劳人院"。

第二类是泛商科类专业。人力资源管理专业属于管理科学中的一个分支，如果你学的不是这个专业，而是工商管理、公共事务管理等相关管理学专业，也是不错的职业基础。

第三类是心理学专业。北京大学心理与认知科学学院和北京师范大学心理学部都是很好的选择。HR 毕竟是和人打交道的工作，有心理学基础的人，会在与人沟通方面占据优势。

第四类是统计学、数据分析、信息系统方面的专业。HR

的工作越来越多地涉及数据分析，所以既懂管理，又懂数据的人才在这几年特别有优势。

第五类是语言类、文学类、历史类等文科专业。这些专业涉及对人性和社会的理解，以及人与人之间的沟通，都对 HR 的工作有所帮助。

但是，无论你毕业于哪一所学校、哪一个专业，成为 HR 后都需要进一步学习，比如要学习 HR 所需的专业知识、工具和方法。这些知识、工具和方法也都在不断更新，所以你更需要持续地学习。

高考前，确定报考专业后，你就要进行选科了。大部分院校的人力资源管理专业对考试科目是没有要求的，但也有个别院校对此有要求。比如 2022 年，哈尔滨理工大学就要求报考人力资源管理专业的学生首选科目必须选物理。[1] 对高考选科的要求，各院校每年都有可能发生变化，你需要随时关注。

---

1. 大学生必备网：《新高考人力资源管理专业选科要求》，https://www.dxsbb.com/news/127002.html，2023 年 1 月 6 日访问。

如何度过大学时光

· 盛莹

　　我以前在校园招聘中招过一个小伙子。入职后，他的第一项工作是参与组织一次有关复盘的培训。组织工作非常琐碎，但他在完成基本任务之外，还主动设计了一个培训前的热身活动。一般的热身活动是带着大家蹦蹦跳跳，比如做个操，让大家打起精神来，而他设计的热身活动明显更有规划。他先是跟大家讲明白这次培训的目的和计划是什么，然后带着大家做起了"扑克塔"游戏。他让大家以组为单位，齐心协力把扑克搭成一座小塔；总结出一些窍门后，推倒再搭一次。第二次要进行计时比赛，看哪个组搭得最快。大家玩得很开心，也深切体会到，第一次搭完后如果经验总结到位，第二次就会快很多。这个热身活动与我们的培训主题密切相关，大家立刻就意识到了复盘的重要性。

　　培训结束后，我问他怎么会想到做这样一个热身活动。他回答说，在学校时自己一直担任班长，特别热衷于组织班级活动，喜欢通过各种小创意让大家开心，同时提升班级的凝聚力。虽然他的学习成绩并不是很突出，但他人缘特别好，是班级凝聚力的核心。这样的人就非常适合做 HR。果然，这个小伙子在工作岗位上进步很快，后来的发展也好过同一批应届毕业生中的其他人。

人力资源管理是一个实践性很强的学科，除了要具备扎实的专业知识，你还要拥有足够的软能力。所谓软能力，一般是指沟通能力、与人交往的行为习惯，以及对人的理解能力等。但学生整天都埋头学习，如何在课余时间培养自己的软能力呢？

很多公司在校园招聘时都会比较关注学生有没有做过学生会干部，有没有参与过团委的工作。这是因为：

第一，担任过学生会干部或参与过团委工作的学生，沟通能力得到过一定的锻炼。他们知道怎么听取别人的想法，如何表达自己的观点，而不会一味地自说自话。

第二，这类学生通常遇到过自己无法独立承担，需要协调资源才能完成的任务，对于如何寻求帮助，如何让别人愿意与自己共同完成一件事，有一定的体会。

第三，这类学生的组织能力也得到过一定的锻炼。HR 是一份和人打交道的工作，是一个很感性的职业，但同时它也需要把问题拆解成一个个切片去分析，去推演，所以对逻辑性和理性的要求很高。而学生会和团委的工作涉及的问题都比较复杂，比如一件事情要怎么推进，其中一个人提出的疑问背后有哪些因素，需要怎么去解决等。面对这些问题，学生不能只靠一些应激反应去解决，而是要理性地思考。在此过程中，这类学生的逻辑性和理性就会得到锻炼。

所以，担任过学生会干部或者参与过团委工作的学生来做 HR，一般来说上手会相对快一些。如果你将来愿意选择 HR 这条路，那么在校期间最好有意识地承担一些学生会、社团或者班级的管理工作，主动组织联欢会、社团的日常活动，甚至组织一些大型活动。这些经历都有利于你提高自己的软能力。

说到底，做 HR 的人要有一副热心肠，愿意与别人分享自己的想法，愿意帮助别人、影响别人。如果你在集体活动中更愿意充当旁观者，不愿意投身其中，更不愿意有所承担，那么 HR 的工作就会让你感到很痛苦。

毕业之后进大公司还是小公司

· 梁冰

年轻人进入一个行业的头三年是学习和打基础的关键阶段。只有前期把基础打好了，之后才有进一步提升的机会。

专业基础涉及两部分，一是专业知识和技能，二是工作习惯和思维意识。头三年，你可能只会接触一些比较琐碎、具体的事情，还不具备深入思考和完整驾驭一件事的能力，所以在专业知识和技能方面的积累是有限的。相对来说，这个阶段最重要的是培养工作习惯和思维意识。

什么样的公司能帮你打牢基础呢？我的建议是，最好选择一家在行业中占据头部位置的大公司。

大公司都有一整套培养员工的方法，尤其是在工作习惯方面要求比较严格。比如在通用电气，新员工入职会学习商务礼仪，包括怎么打电话，怎么做时间管理，怎么邀约候选人，不同场合有哪些不同的穿着举止要求，什么样的谈吐言行在这个行业是被接受的，等等。为什么通用电气的员工承诺客户三个月后的事情一定不会忘？为什么见客户时员工一定会提前五分钟进门？这都是公司教出来的。可以说，凡是你在工作中可能会发生的行为动作，它都会给你进行系统的培训。这样一套体系会把一个刚出校门的大学生迅速培养成一名合格的员工，一名专业的职场人。

除此之外，新人在专业习惯方面也会得到培养。比如，通用电气在培训新人时，每次给员工组织课程，都有一张工作清单，包括怎样摆放座椅；教室的空调应该调到什么温度；什么时候开这盏灯，老师讲到哪里时应该关这盏灯；每个人走进教室时要领取哪些物品和材料；如果要上台发言，应该从哪儿上台，在哪儿拿话筒；等等。在通用电气，所有这些细节都有明文要求。这其实是在贯彻一个理念——HR 要把员工当作客户来看待。你要设身处地去想，如果坐在教室里听课，你想要怎样的体验。这种意识对 HR 今后的工作至关重要。

经过商务礼仪和工作习惯上的训练，接下来，你还会接触到专业性很强的培训，比如提升提供解决方案的能力，使用各种工具的能力，等等。

你可能会说，能进入通用电气的人毕竟是少数，难道进不了大公司，就不能成为一名优秀的 HR 吗？当然不是。其实，小公司对 HR 的能力要求更高。

首先，小公司一般没有完善的培训体系，因此你要有很强的自驱力、自学能力和悟性。你可能会接触到 HR 各个方面的工作，包括招聘、绩效、薪酬等，甚至还会接触一些前台和行政的工作。你可能在正常的工作时间没有精力去深入学习、钻研某个模块的专业知识和技能，需要在实践中边摸索边进步，并利用业余时间做一些专业上的补充。

其次，在小公司做 HR，你要有企业家精神，能够积极主动地承担责任，创造性地工作，在一些问题上有突破性地思考。小公司缺少规则，你需要帮老板把规则建立起来。根据我这么多年的观察，缺乏企业家精神的 HR 是很难在小公司有所作为的，甚至会觉得很难受。

可以说，在小公司做 HR 做到出色非常不容易。能力突出的人会在这种环境下快速成长，甚至比大公司中的 HR 成长还要快。但大部分人都不具备在小公司迅速成长的能力，更适合进入一家大公司，或者是一家垂直领域内的头部公司，在一个体系里循序渐进地学习和成长。在大公司，虽然刚开始你可能会感觉自己不过是颗小螺丝钉，但经过一定的训练，养成好的习惯和思维方式后，你的发展速度就会快起来。

现在，你已经大学毕业，终于要投身职场大干一番了。很幸运，你收到了一家公司的 offer（录用通知），即将开始自己的 HR 之旅。但这条路并不容易，为了更好地工作，你需要做哪些准备呢？

◎能力养成

新人要学习哪些知识

▌方向：HR 的知识结构包含三个方面

·佟磊

    HR 的工作是随着企业的成长而不断变化的。当一家公司只有几十个人，或者 500 人左右时，HR 的工作总体上不是很复杂，其工作重点可能在招聘，或者制定一些简单的规则，工作方式往往是口口相传，或者简单地发个文件。而当企业规模扩大到千人以上时，HR 的专业度就必须提高了。过去 HR 一个人可以同时干好几件事，而现在，一件事可能要好几个人一起承担。同时，HR 不能再像以前那样只靠口头交代工作，或者通过文件来传递制度、规定了，而要用体系和制度来完成工作，建立起科学的"选""用""育""留""辞"机制。另外，由于人员众多，一项制度出台后，大家会有不同的理解，这就要求 HR 工作的颗粒度要足够细。比如，针对绩效考核的宣传引导，你的宣传渠道有哪些？要不要照顾到文科生、理科生，以及商科生等不同群体的特点？你要有一套完整的解决方案，这就要求你的专业技能和视野格局必须上一个台阶。

随着企业的成长，HR 的能力要不断升级。如果你一入行就在一家大企业工作，那么你面对的挑战就会更多，学习的迫切性也会更强。

总体来说，HR 的知识结构包含三个方面。

首先，人力资源管理专业的知识一定要夯实。很多 HR 在大学阶段学的不是这个专业。比如，爱奇艺有 100 多名 HR，大家来自 70 多个不同的专业，有学建筑的，有学法律的，还有学兽医的，可谓五花八门。这些人本科阶段没有接触过人力资源管理专业，入职后就需要主动积极地去补足专业知识，甚至投入大量的时间和金钱去学习。

记得刚刚大学毕业时，我每个月的工资还不到 2000 元，但我花了近万元到中国人民大学的"劳人院"去读在职研究生。每个周末和每天下班后都是我的学习时间。

其次，HR 一定要深度了解公司经营的业务。很多新人以为，只有 BP 才需要贴近业务部门，SSC 只需要做一些基础工作，不必对业务部门了解得那么深入。如果你这么想，就大错特错了。不了解业务部门怎样工作，它的价值在哪里，市场地位如何,其人才需求和其他部门相比有什么异同,你就会永远被困在基础事务中,无法与业务对话。

最后,HR 要了解人性。刚毕业的学生可能还没有什么阅历,很难从经验出发看懂一个人或一群人的底层需求。那么,你可以先从书本知识入手,主动学习一些心理学方面的知识,掌握一些识人的简单工具,逐渐丰富自己对不同群体的认知。

新人入行后,不管选择做哪一个模块的工作,都可以在做基础工作的同时,从以上三个方面提升自己。

HR 是一个需要终身学习的职业,因为企业的业务在往前跑,企业中的人也在不断精进。HR 要了解业务、了解人,当然,也要跟上企业和员工成长的脚步。关于学习,佟磊老师给出了三个方向,接下来,盛莹老师将与你分享一些具体的方法。

┃方法:积少成多,结合实践

· 盛莹

HR 是一个需要不断学习的职业,入行前三年更是如此。大部分新人对此心知肚明,但实际上往往浅尝辄止。很多人只是简单学一下，觉得没什么意思，就不继续钻研了。对于新人 HR 的学习，我认为有几点需要注意。

首先，对专业知识的学习需要持之以恒。你不一定要捧着大部头教科书硬啃，可以每天积累一点。比如，我给我们团队每个人都定制了一个 HR 日历，让他们每天积累一个小知识：今天学习什么是 JD，明天看看人才盘点都有什么方法，后天关注一下《中华人民共和国劳动法》有哪些新规，等等。HR 不能把全部精力都放在手头的事情上，而要抽时间跳出眼前的工作，去学习行业中的关键知识点。

其次，学习和实践是相辅相成的。你可以针对一项实际工作有针对性地学习。比如招聘，怎么和候选人谈话，怎么设计问题，是有很多方法可学的。如果不学习，你就会觉得，所谓面试，无非是和候选人随便聊聊，聊得不错、印象好的人就会获得下一次面试的机会。而如果经过了专业学习，你就会知道，面试应该是一个结构化的访谈，每一个问题都要指向这个职位需要的价值观和能力模型。这种结构化访谈的能力，其实是招聘模块 HR 的基本功。只有这扎实掌握这项能力，你才能让自己的各方面都上一个台阶。我们经常看到很多负责招聘的 HR，干了七八年也只能招一些职位比较低的员工，而对于高管、高段位的关键人才，他们永远不知道怎么去跟对方聊，只能负责安排面试。这就是因为他们缺乏对基本功的理解和学习，遇到了职业瓶颈。

你还可以通过不断接受新的挑战来倒逼自己学习新领域的知识。比如，我们团队有个做薪酬核算的姑娘，当团队需要做人力资源成本预算时，她想试着做一下。因为有做薪酬的基本功，她很快就按财务的要求把预算做出来了。不仅如此，她还做了详尽的分析，比如某个部门为什么钱花多了，为什么人招多了，销售的人效配比是怎样的，等等。通过这项工作，她迅速掌握了一套新技能。而这个新技能，是以她之前的基本功为基础，快速迁移运用得来的。

最后，向头部专业人士学习。你可以多参加一些行业分享活动，或者多和公司的高级别 HR 聊聊，看看行业中的头部人才都在干什么，是怎么干的，以及他们怎样规划职业、选择发展路径。这样的学习也极具价值。

在采访中，不止一位老师对我们说，HR 做到高级别之后，尤其是成为人力资源部门一号位后，专业技能只是你判断问题时的基础，而更重要的，是你对自身角色的理解、与人连接的能力和对人对事的洞察力等软能力。软能力的培养并非是一蹴而就的，需要经历长时间的积累，并从资深 HR 身上汲取经验。

新人如何提升软能力

▍榜样：一位好师父的作用

· 赵宏炯

二十多岁是一个艰辛的阶段。在这个阶段，自我与社会猛烈碰撞：你从前想象的世界可能与现实完全不同；你从前认为的人与人之间的关系可能会被全盘颠覆；你可能会反复受挫，甚至会因此消极迷茫，找不到方向。初入社会，你该如何让自己进入角色，成为一个职场人呢？

我先来讲讲自己的经历。大学毕业后，我进入一家媒体做 HR。与现在的一些大厂和外企不同，我当时所在的部门是全模块工作方式，也就是招聘、培训、绩效、企业文化等各方面的工作都要做。入职第一天，我就发现这家公司的员工特别忙，晚上 10 点还有很多人在加班。但与忙比起来，更让我紧张的是我的师父，也就是全公司的 HR 负责人。

师父对工作的要求极高，给我的感受是非常虐。虐到什么程度呢？举个例子，我写了一份 10 页纸的报告，他只看了

第一页就打回来让我重写。她告诉我，你段与段之间的逻辑关系不对，概况都没写清楚，后面一定是乱的。

她的严苛总会让我感到惶恐，因为几乎我做的每一件事她都能挑出一堆毛病。但很快我就发现，她其实对自己更加严格。

我们公司是做全媒体（包括电视、平面媒体和网站）内容制作和运营的，业务非常庞杂，但她竟然对每条业务线的内容、流程、逻辑乃至行业状况都有很深入的了解。记得有一段时间销售部缺人手，一时又招不到合适的人，公司有一个大客户需要赶紧去谈，她就作为销售自己跑去把单子签了。当时我对她佩服得简直五体投地。她对我说，不管是 HR 自身的工作，还是公司业务，你只有做到极其专业，在公司才有话语权。

的确，严谨、专业、勇于担当的作风，让她在公司赢得了很大的话语权。我们当时给电视台做好几档节目，每一档节目的制片人都很强势，说一不二。每当发生矛盾，只要我师父一出面，基本都能摆平——制片人都服她。不仅如此，老板对她也信任有加，凡事都喜欢听听她的看法。给我印象比较深的是，不管老板什么时候、提出什么样的问题，她都能逻辑完整地回答。她说，HR 必须有这种应对随时而来的咨询的能力，而这种能力来自日常的点滴积累。

在她手下工作了一两年后，我晋升为经理，她开始让我直接和老板对接一些事情。这又让我开始有了新一轮的恐慌。我最担心的就是我应对咨询的能力。老板经常会突然问一个问题，我必须能够像师父那样完整、准确地回答，否则就很有可能被辞退——这样的事之前发生过好几次。

但让我没想到的是，被现场咨询的压力还没来，就先出现了其他问题。记得有一次，我们公司要做一本十周年年刊，老板把这个任务交给了我，希望我和公司的设计师在一天之内把雏形做出来。于是，我们通宵达旦地做出了一个基本框架。第二天一早，我兴冲冲地跑去拿给老板看。但没想到，老板只看了一眼，就把文件摔到了我脸上。我彻底蒙了，站在那里不知所措。换作现在的年轻人，估计马上就辞职了。但我忍了忍，转头去找我师父。

师父安慰我说，老板这次是有点过分，不过他就是这种脾气。她让我做一个详尽的复盘，把有关这次年刊框架的所有经验都写出来。我按照她说的做了，回顾了这件事的每一步。如今过去将近二十年了，我依然记得那次复盘的内容是大致围绕两方面展开的。

第一，这本年刊有 100 多页，内容很庞杂，我应该先整理出一个脉络，然后再梳理出每一部分的主题，并进一步细化每一页的内容概要，以及排版的注意事项，而不是一上来就列一大堆目录。

第二，针对每一部分的关键信息，我应该先找相关负责人核实、确认，避免发生重大错误。

我把复盘的文件做成了一个手册交给老板，并跟他说，我犯的错误都在这里，希望别人以后再做这类事情时可以避开这些"坑"。没想到老板居然对我笑了，说我这个手册做得不错。

这件事对我影响很深，师父在关键时刻让我明白了一个道理：HR这条路并不好走，不管你多努力，都不可避免地会遇到很多艰辛、挫折、委屈，甚至失败。这时候，你不要光想着忍耐、抗压、顶住，而要把不利变为有利，把失败变为资源。

所以，新人在刚入行时，如果能找到一位好师父，他在向你传授专业技能的同时，还能引导你看到一个职业的价值与本质，那么你就可能在自我与社会的碰撞中发现自己的热爱——那种不管经历多少艰辛，都愿意为之拼搏的热爱。

这家公司的HR负责人是我职业生涯中的第一位师父。从她身上，我不仅学会了很多专业技能，找到了学习的方向，还看到了一名优秀HR应该具备的品质和素养。她向我证明了，HR不是一个辅助角色，而是公司管理的灵魂，是老板的左膀右臂。因为她，我开始由衷地热爱 HR 这份职业，并一直延续至今。

社交：与人建立深层连接

· 盛莹

你身边可能有一些这样的朋友：他们特别喜欢社交，热衷于参加各种聚会或者活动；他们认识的人很多，仿佛和谁都很熟，但如果真遇到什么困难，却很难找到愿意帮助他们的人。其实，这是很多人在社交中都会遇到的问题，那就是和周围的人仅仅是认识，但缺少深层连接。

在职场上，人与人之间深层连接的含义是，不仅相互信任，而且彼此需要，可以真心实意地为对方提供价值。HR 是与人打交道的职业，越往高阶发展，越需要与周围的人建立信任和深层连接，否则你一定会觉得自己的工作寸步难行。

但是，如何与他人建立深层连接呢？

举个例子。我有一个同班同学，她不是一个热衷于参加社交活动的人，也从来不会特意去认识什么人，在我的印象中，她甚至有点内向。但我后来惊讶地发现，几乎教过我们的所有老师都帮助过她。大学毕业后，她进入一家银行做HR，现在已经做到了很高的职位。随着年龄的增长，她的特点也愈发明显——凡是与她打过交道的人，都会和她建立起很深的连接，能够和她相互帮助，共同去成就一件又一件事。

在一次同学聚会上，我们问她：为什么你看上去不爱社交，却能与那么多人成为"铁瓷儿"？我们聊了很久，我从中总结出了她的两个过人之处。

我这个同学的一个过人之处是，特别善于向人求助。比如我们下课后，她第一件事就过去向老师求助，借书、借资料、请对方推荐其他领域的老师、帮忙出个主意等。她不会觉得向别人求助是一件难为情的事。我们读书时，有位老师是土地资源管理方面的专家，对于买房这件事十分在行。当时这个同学家里刚好有人在买房，买什么地段，性价比怎样，她都去找老师咨询，几乎每周都要讨论一次，每次都讨论得热火朝天。对这位老师来说，运用专业知识帮人答疑解惑是一件毫不费力，同时又让自己有一点成就感的事，所以他很乐于这样做。

事实上，这个同学向别人求助的事都很简单，一定不会让对方费力，又能让对方在心理上有一点满足感。工作后，她也经常会就一些小问题向领导求助。

但求助只是加深与人连接的第一步。既然别人帮了你，那么你也要帮助别人。我这个同学的另一个过人之处，就在于她总能从自己的角度，真心实意地去给别人帮忙。比如，那位土地资源管理专业的老师经常会在媒体上发表一些对房地产市场的看法。有一阵子，他由于种种原因遭到了"网暴"，受到了舆论攻击，这个同学就号召我们集体声援老师，把老师的一些优良品德宣扬出去。她说，老师从前对我们非常好，这时候我们一定要支持他。她为此写了一份倡议书，又写了一份详细的声援说明书，告诉大家去哪里注册账号，注册后要怎么做，等等。老师当然十分欣慰。

职场上人与人之间关系的实质在于，彼此之间能够真心诚意地为对方提供价值，而不是很功利地请别人为自己办事，利用对方的资源。只有这样，才能真正与他人建立起深层连接，积累自己的人脉。

对 HR 新人来说，你入行后可能首先面临的社交压力就是找到愿意教你的师父。如果公司指派给你的师父很忙，不愿意带你，或者公司压根儿就没有师徒制，你如何才能从别人身上学到一些真本领呢？其实，这考验的正是你与别人建立深度连接的能力。

你的师父不一定是某一个人，也可以是很多人。你在 A 身上能学到结构化思考的能力，在 B 身上能学到与业务部门沟通的方法，在 C 身上又能学到数据分析的流程……职场上有很多所谓的"贵人"，有的是精通某一个专业方向、硬技能特别强的人，有的是善于整合资源、判断方向、软技能十分出色的人。而他们是否愿意帮你、教给你真正有价值的东西，取决于你最开始如何求助，以及你是否同样愿意真心实意地帮他们解决问题，从而与他们建立深层的连接。

┃ 思维：听问题和拆问题

· 佟磊

　　HR 是一个消息相对灵通的岗位，有机会接触到公司各层级员工的信息。面对这些信息，能否做出辨别，能否看到本质，是你作为一名 HR 的关键能力之一。比如，你经常会听到某个人跟自己说另一个人不好，这时你是马上听信，还是抱着怀疑的态度多方验证？业务负责人总是在工作中提出这样那样的问题，他是真的在意这些具体的事，还是有一个核心问题始终没解决，也不方便说？公司发布的一项制度，就是几段文字那么简单吗？如果只理解到表面意思，在执行中你就会遇到很多麻烦。

　　HR 各模块工作中比较有共性的能力要求，是对人和事的洞察能力，落实在具体工作中，就是拆解问题的能力。

那么,什么是拆解问题呢?我们在参加培训会或者听讲座时经常会看到这样的场景:学员向讲师提了一个非常宏观的问题,所有人都觉得这个问题太大了,难以回答,等着看讲师怎么驾驭。这时,讲师通常会说,你这个问题其实涉及三个方面的内容,我对其中两个方面比较熟悉,下面就来回答一下这两个方面的问题。这个讲师就具有较强的拆解问题的能力,他能快速把宏观问题拆解为若干个具体问题,然后逐个破解。

拆解问题的能力不仅能帮你把大问题化解为一个个可以解决的小问题,还能让你不轻易被表面现象左右,透过现象把握本质。

工作时间久了,你可能会发现,大家在讨论业务问题或者某项制度时,实质上都是在说人。比如,某个团队的业绩严重下滑,业务负责人在进行季度总结时详细分析了外部市场变化,以及由此带来的种种不利因素。但老板听完总结后的第一句话很可能是"你为这些变化做了哪些动作?"或者"这些变化是你刚发现的,还是早就意识到的?"老板的关注点永远是你做了什么,你能否胜任这个岗位。至于外部客观因素,他可能早就有所了解,甚至比你更清楚。但 HR 和老板思考问题的视角有所不同,他不能像老板一样,简单地认为业绩上不去是业务负责人不行。HR 要去了解团队的问题到底出在哪里：是业务负责人的管理能力有问题，还是他的业务判断有问题？是公司的激励制度不到位，还是公司整体的业务流程不够清晰，导致各部门互相掣肘？很多时候，HR不能轻易对一件事下结论，而是要先打一个问号，然后去了解背后的原因。把一个表面现象拆解开来，看看它内部到底包含哪些问题，这就要用到拆解问题的能力。而如果HR的想法和老板保持完全一致，不对问题进行拆解，甚至和他一起去指责业务负责人，不分青红皂白立刻把这个业务负责人换掉，那么HR就没有向老板提供自身的专业价值。

再比如，一个业务负责人找到我说，最近半年他手下走了三四个人，急需人手，而他的BP两个月都没帮他招到人，让我赶紧想想办法。一般情况下，两个月没招到人，就要用猎头了。但如果我马上推进这件事，可能几个月后，相同的情况又会发生，还得继续招。

遇到这种情况，我一般会先把问题拆解开来，看看问题到底出在哪里：缺人的原因是这个团队工作效率低下，还是工作量确实已经饱和？之前的人离职是因为性格原因难以融入团队，还是因为业务流程不清晰，让他们在工作中感到迷茫，不知如何发力？是不是竞争对手公司在大力挖人？BP两个月都没有招到人的原因是BP不作为，还是面试流程有问题，又或者是人才画像不清晰？如果人才画像不清晰，是业务负责人和 BP 沟通不畅, 还是市场上压根儿就没有这个负责人想要的十全十美的人?

你看, 一件招聘的事就能拆解出这么多问题。只有在进行全面的了解后, 我才能把这些问题都搞清楚, 才能做出基本的判断。遇到这种问题, 我一般会在下午 1 点半和晚上 6 点半到这个团队的办公区转一转, 看看大家都在干吗。如果 1 点半了人还都没回来上班, 或者 6 点半就都下班了, 说明这个团队的工作量其实并没有那么饱和。那为什么还要再招三四个人呢? 只有找到真实原因, 我才能真正帮这个团队解决问题。

又比如, 一个业务负责人想优化掉团队中的一个高级别人才, HR 不能只是单纯地执行, 而要把这件事拆解为一系列问题: 这个人是能力不足, 还是和团队的配合有问题? 他走了之后, 是要招一个更高级别的人, 还是要从下面的高潜人才中提拔一个上来? 目前这个人的薪资在市场上处于什么水平, 更高级别的人是什么薪资水平, 预算是否允许? 如果要提拔高潜人才, 这个人是谁, 为什么是他? 如果这两条路都不走, 而是要追求组织的扁平化管理, 让这个人之前的团队直接向业务负责人汇报, 那么预估的工作量他是否能承受? ⋯⋯把这些问题都搞清楚了, 我们才能知道业务负责人要优化掉这个人的真实原因, 以及未来招聘和工作调整的方向。其实，这些问题 HR 在平时的工作中都应该有所洞察，只不过要再借一些具体问题与业务负责人进行复盘和确认，以便相对彻底地解决问题。

拆解问题其实是通过分解的方式，寻找一件事背后的本质问题。这个动作贯穿于 HR 的每一项工作中，它是你自我精进的入口，也是你不断跨越职业台阶的抓手。

新人入行后一般会从助理或者专员做起，先负责一些琐碎的事务性工作，比如办理社保、核算薪资等。你可能认为这样的工作简单枯燥，面对各种文件、表格需要细心和耐心，不需要与人进行过多接触。事实上，很多人选择做 HR，正是因为他们认为这些工作比较简单，所以不会有太大压力。但抱有这种想法的人是很难在职业道路上进步的。能不能从这些看似琐碎、重复的工作中突破自己的能力边界，找到进阶的方向，是 HR 职业发展中的第一个分水岭。

如何在简单枯燥中进步

▌优化：简单工作也有提升的空间

· 盛莹

我们的 SSC 团队中有一个姑娘，她刚入职时负责办理入职、离职和社保缴纳手续，后来开始负责核算薪酬。但最近她离开了，原因是她觉得这份工作比较枯燥，想换换环境。

因为枯燥而离职在 HR 新人中非常普遍。比如做招聘的同学，每天做的事就是筛选简历，打电话联系候选人，和业务负责人对接、安排面试，然后做面试评价，再去跟候选人谈 offer。第一个星期，他做的是这些事；三个月后，他做的还是这些事。周而复始，始终在一个简单循环里。时间久了，他自然会觉得工作枯燥，干不下去。

新人刚入行的前三年都要在一两个模块中深耕，把基础打牢。在这一阶段，新人普遍存在的问题就是，由于觉得工作太简单、太枯燥、太没有挑战而难以坚持下去。公司的试用期一般是六个月，一些新人甚至不等试用期结束就开始感到疲惫，怀疑自己的选择，看不到未来的发展。有些新人虽然能坚持到试用期结束，但在接下来的两三年里，工作一直处于简单循环之中，很难有突破性的发展。

其实，重复的流程不一定意味着枯燥，关键要看你能否从这些看似简单的事务中找到可以自我迭代的地方。那么，怎样在枯燥中找到自我迭代的突破口呢？

首先，你可以在工作流程上做一些优化，压缩事务性工作所占用的时间。我们团队中做薪酬核算的姑娘就没做到这一点。我们公司是每月 10 日发薪，但她一般在上个月的 25 日才开始算考勤，然后到下个月的 5 日核算完基本工资，之后开始算绩效工资，最后再跟财务对接发薪情况。这样，她一个月里有半个月都在做薪资核算，从上个月的 25 日一直干到下个月的 10 日。

其实她完全可以优化一下这个流程，压缩自己在这件事上的工作时长。每个月都有入职和离职人员，她不用把每个人每个月的数字都核对一遍，只要把入职和离职的人检查一遍，再把发生绩效和考勤变化的人检查一遍，这件事就结束了。

薪资核算这件事之所以会占用她大量时间，不仅是因为工作流程不科学，也是因为她的工作方法过于烦琐。我曾经问她要过一名员工上一年的纳税情况，她过了好几个小时才给我答复，而对大多数 HR 来说，这件事几分钟就能做完。为什么会有这么大的差别？因为她核算薪资的方法是一个月一张表，没有单人的维度，所以要调取一个人 12 个月的纳税情况，她就得查 12 张表。同样，团队中做企业文化或组织架构的同学每次找她了解一下公司男性有多少，女性有多少，共产党员有多少等问题，她都要翻开十几张，甚至几十张表一个个地去统计。

流程和方法问题，导致她无法快速响应这些临时询问。同时，由于没有方法论的总结和提炼，她长时间陷在重复性的工作中，没有时间去做一些有思考性、突破性的事情。当团队希望她能承接一些绩效工作时，她根本没有时间做。久而久之，她越来越无法忍受这种枯燥，在团队中也越来越没有存在感，最后不得不选择离开。

相比之下，她的继任者就非常善于自我迭代。有一次我让这位继任者找一下公司中纳税最多的员工，她三分钟后就回复我了，非常快。原因是在每个月核算薪资的同时，她会把所有数据都回归到一个台账上，每个人都有一笔账，包括工资、绩效等。这样别人来询问时，她就可以快速做出响应。

所以，事务性工作并非只是一个循环、枯燥的流程，而是可以不断进行优化，从而提升效率。

其次，你平时可以多收集一些员工和行业各方面的信息，并将它们做结构化的整理。

在入行的前三五年，HR 的主要工作可以概括为信息收集与整理，以及对员工的相关问题进行答疑。其中最重要的就是信息整理，你可以了解业务团队的人员情况、公司各团队的情况，以及外部行业信息等。只要是你能接触到的信息，都不要浪费，要把它们汇总起来。

汇总起来有什么用呢？你可以建一个问题清单，把自己想要知道或者正在思考的问题列出来，然后把收集起来的信息按照问题进行结构化整理。

比如，我新到一家公司，一定会问这些问题：这家公司是怎么挣钱的？它的商业逻辑是什么？它有哪些产品？它的生产有哪些环节？它所在的行业有哪些竞争对手？竞争对手各自的优势是什么？……不管我是做绩效、薪酬，还是做招聘，工作一段时间后，我都会收到来自公司内外部的很多信息，包括别人告诉我的，我工作时亲自经手的，还有通过网络搜索到的，等等。这时，我会按照自己罗列的问题清单，把这些信息一个个放进去，可以先不整理，把它们码起来，成为我的一个知识库。然后，我会看看这些信息是不是足够全面。如果足够全面，就可以进行结构化的整理了。慢慢你就会发现，自己的很多问题都有了答案，你对这家公司的理解也会是系统、全面的，而非零散的。同时，你会在此基础上形成自己的判断和观点。

无论你做的是 HR 工作中的哪一个模块，每一件事务性工作都有它的门道。能不能找到其中的门道，然后不断思考，优化自己的工作方式，使自己的效率、能力得到提高，决定了你未来三五年后能否突破瓶颈，脱颖而出。

突破：凡事多做一步

· 盛莹

新人手上的工作大部分是领导交代必须要完成的。这些工作周而复始，很容易让人觉得枯燥。那么，新人如何在这样的工作中多做一步，主动让自己的能力有所提升呢？接下来举几个我亲眼所见的例子。

第一个例子是薪酬核算。如果你是一名薪酬专员，负责公司每个月所有员工的薪酬核算，那么完成核算后，你还可以主动做一些薪酬分析。比如，销售团队这个月的提成为什么和上个月差这么多？为什么每个月销售业绩前五名的员工变化这么大？每个月的人工成本有什么变化？在做这些分析的过程中，你自然会发觉自己技能和知识的欠缺，也自然会去查找相关知识或者向他人请教，这就是主动学习。分析完成后，你可以把成果拿出来和团队分享，让别人看到你的洞察与思考。

第二个例子是绩效考核。我们公司做绩效考核是在系统里面打分，大多数绩效专员只会把打分结果保存下来或者传递给财务。但如果你是一名绩效专员，我建议你主动把所有员工近几次的绩效结果导出来，形成一个可以查阅的文档。在整理过程中，你可能会发现一个人半年前绩效是差，这次竟然变成了优。这时你可以主动去和BP沟通，看看这个人为什么进步这么明显，他是怎样取得这样的进步的，他哪里做得好，是否值得做一次内部分享，等等。BP会很乐于跟你沟通，因为这样的观察和思考，不仅对HR团队有价值，对业务团队也非常有价值。而通过多做这一步，你不仅能收获对专业的进一步理解，也能赢得BP的尊重，甚至是感激。

第三个例子是员工关系。我以前的团队中有一个实习生，她负责员工关系中的入职和离职工作。工作了几个月后，她竟然给我出了一份报告，汇总了一个部门全年的入职和离职情况，和前一年的情况进行了对比，并做了简单分析。我问她为什么要这么做，她说，她在工作时发现这个部门的入职、离职数据特别有规律，她很好奇，就想做出来对比一下，看看能发现什么问题。我仔细阅读后对她说，虽然你的分析不一定对，但是你这个发现很有价值。

从这个例子可以看出，多做一步并不见得需要你有多么扎实的基础或者多么丰富的经验，只要做了，你就一定会有收获。

第四个例子是招聘。一般的招聘专员可能会觉得候选人的信息都在简历里，业务负责人自己看就行了。这样做其实是把自己定义成了递简历的工具，没有体现出自己的洞察。

我之前的团队中有一个招聘专员小吴，她的日常工作是筛选简历和安排面试。很多人周而复始地做了好几年都没有进步，但她在第一年就有了突破性的成长。为什么她会有这么快速的成长呢？原来，每次通知业务负责人去面试候选人时，小吴不仅会提供一份常规的候选人的基本简历，还会把自己通过电话沟通或者初次面试后总结的内容一起交给业务负责人参考。她的总结包括：她认为这名候选人的优势是什么，劣势是什么；负责人在面试时可以重点观察哪一方面；这名候选人的风险可能会是什么……她每次安排面试都会多做一步，提供一份清晰的反馈。五个月后，她转正了。我按照常规流程在公司大群里发了喜报，没想到我们的 CTO（首席技术官）马上回复说："原来小吴刚毕业啊，真意外。"

第五个例子是我自己的工作经历。即将大学毕业时，我到埃森哲实习，负责给员工办理入职手续。埃森哲的员工遍布全球，每个国家的劳动法差异巨大，所以需要的入职资料也是五花八门。我每天要把各类资料传真到总部。公司之前的做法是在快下班时把这一天收到的所有资料汇总起来，集中传真。有的人能一次性交齐，但大多数人会分好几次提交，是否有缺失要由总部的人收到资料后告诉他。我发现，这样做有两个弊端：第一，那么多资料一起汇总、传真，总部的人还要花时间整理，这等于增加了总部人员的工作量；第二，新人来了不知道自己要交哪些资料，往往入职很多天后才被总部 HR 告知缺什么资料，然后再去补，这样反反复复很麻烦，而且效率很低。

所以，我主动做了一件事，按照工种和国籍分别做了资料清单。新人来交资料时，我做的第一件事是识别他的工种和国籍，然后再递给他一份资料清单，让他按照清单去准备，资料都收齐后再交给我。这样，我不仅对每个国家的劳动法有所了解，还对他们每个人都有了一个完整的印象，而他们的各种资料也会按照清单汇总在一个袋子里，非常清晰。

后来，埃森哲收购了一家公司，有四十多个人要同时办理入职。公司要求我一周内办理完成，但我一天就办完了。这件事引起了人力资源咨询业务老大的注意，我也因此得以留在公司，并成为一名正式员工。后来，我问起他为什么决定和我签约，他说，很多人会把收简历、发传真的工作单纯当作事务性工作来做，但你把做这件事当成解决问题，而咨询工作，就是要用客户导向的思维来发现痛点、提供解决方案。你发现了痛点，并且给出了有效的解决方案，说明你适合做咨询。

从这些例子中，你也许会发现，之所以有人觉得 HR 的工作枯燥，看不到发展空间，很多时候是因为他们自己没有主动性，不肯多思考里面的门道，不肯多做一步。如果你坚持把自己定位成一个简单工作的执行者，不想思考，拒绝精进，那么你一定要知道，在数字化时代，这种工作是很容易被机器取代的。

提升：提升与高阶人才的对话能力

· 张韫仪

HR 新人虽然做的是基础工作，但有时难免需要面对部门领导或者其他职位比较高的员工。这时，HR 新手如何泰然自若地与对方进行高质量对话呢？

负责招聘的 HR 可能会遇到这样的情况：约了高阶人才进行电话访谈或者面试，对方却热情不高——他们更愿意直接和业务负责人聊。这时 HR 很可能会问几个常规问题后就草草了事，在没有对候选人做基本判断的情况下，就转手把简历交给了业务负责人。很多 HR 新人会说，候选人觉得我职位低，不爱和我聊，如果公司能给我一个比较高的职位，我当然就可以和他们对话了。

其实，与高阶人才对话，职位根本不是问题的关键。那么，HR 新人应该如何应对高阶面试者呢？

首先，你要了解高阶人才的普遍特点。

高阶人才通常过着争分夺秒的生活，他们责任重、压力大，内心可能也比较焦虑。这类人一般有三个特点：第一，他们注重自我价值的实现；第二，他们对人和事的要求很高，不会轻易将就，甚至非常较真儿；第三，他们很注重做事的投资回报率，这个回报率可能不是眼前一时的薪水或者利益，而是更长线、更可观的回报。对他们来说，梦想比待遇重要，信任比职位重要。一家公司要想用好高阶人才，就要大胆赋予他们有挑战性的工作，充分发挥他们的优势。你要在这几点上努力吸引他们，而不要去问学业或者工作经历等基本情况。

其次，你可以有意识地通过各种途径去了解一个行业中高阶人才的具体特点。

举个例子。有两个负责招聘的 HR 给候选人打电话，其中一个 HR 把打电话这件事当成每天的重复性劳动，因而敷衍了事，看到分配给自己的号码就直接打过去，把背好的话术快速说完。而另一个 HR 对每一位候选人都很好奇，他会完整地把候选人的简历看完，迅速找出这个人和其他人的差异，同时，他还会根据不同人的特点把自己要问的问题做相应的调整，明确在通话中要重点获取哪方面的信息。这样，他一个一个电话地打过去，就能对这个行业的人才面貌有一个系统的了解，而看似枯燥的任务就变成了一个洞察行业生态的窗口。他可能通过 10 个电话，就清楚地了解了这个行业的薪酬状态；再通过 10 个电话，就掌握了某个岗位的地区人才分布情况；继续打 10 个电话，他就知道了这类人才的思维习惯……这样的积累会让他快速获得与这个行业的人才对话的"手感"。如果有一天，一个高阶人才坐在他面前，他就能从容应对。他说的每一句话都会透露出自己对这一行业的深度认知，他的每一个问题都会非常有针对性，而对方一定不会因为职位低而小看他。

再次，你还可以向相关团队中的资深员工请教，甚至和他们成为朋友。

这样做，时间长了，你就能了解他们的说话习惯、思维习惯，以及普遍的趣味偏好，进而可以总结出一整套对话的方法论。这时你就能明显感到，和基础岗位候选人面谈的话术，跟和高阶人才面谈的话术有明显的区别。

我经常和团队里的成员说，与高阶人才对话，你得知道他们喜欢谈什么话题，有哪些兴趣爱好。你要在这些方面把自己变成一个有趣的人，一个广博的人。否则，你跟对方除了专业和工作就无话可说，更无法作为公司的一个窗口吸引对方。

最后，对高阶人才有了一定的了解后，你还要关注自己与他们对话时的状态。

作为新人，你可能会表现得过于谦卑，也可能会为了假装强大而有失礼仪，这种做法都不可取。面对高阶人才，你要保持自信，同时要谦逊有礼。

记得刚进入投资行业时，我曾经打电话给一位在投资行业拥有广泛影响力的美元基金合伙人。电话一通，我快速介绍了自己。他不解地问："你找我干什么？我又不找工作。"我说自己是一个行业新兵，联系您一方面是想给您介绍一个机会，另一方面也是想向您取经，积累一些行业经验。见面之后，我跟对方讲，我特别好奇你们投资的逻辑究竟是什么，对于投后的认知又是什么。对方可能感受到了我的勇气，跟我分享了很多自己的思考，这些互动为我们后来的合作打下了基础。其实，当时我内心是怯懦的，但我战胜了这种怯懦，并努力传达出了一种内在的定力和勇气——我们都是一样的人，只是您比我更有经验，我是带着好奇向您虚心请教的。这样的态度，对方是可以感知到的。所以，他不会因为我是一个无名小卒而轻视我，反而会乐于跟我分享。

作为 HR 新兵，无论你做的是什么模块，每一次与高阶人才对话都是自我提升的机会。请不要给自己打标签——我是小白，我只能和基础岗的人沟通。你不能自我设限，而要通过外在学习和内在锤炼不断提升自我。

飞跃：主动提升专业能力

· 赵宏炯

很多人认为，HR 培训专员的工作是组织大家上课，提升大家的工作能力，以便让企业能够更好地运转。其实，培训专员的任务不止于此。现在，单独做一个课程、搞一个活动的培训已经不是培训模块的发展方向了，它在概念上已经升级为 TD，也就是人才发展。对于一家公司来说，TD 有三个重要的价值。

第一，公司的制度、流程、标准、产品知识是员工必须知道的，需要 HR 组织培训传递给员工。

第二，培训模块的 HR 要负责这家公司的知识管理，把员工的最佳实践提炼、沉淀、保留下来，使其变为公司的财富，避免公司的整体业务能力受到人员流动的影响。比如，销售对我们公司来讲是非常重要的岗位，尤其是 top sales（顶级销售）和销售管理人员。那么，从公司的角度考虑，我们就需要通过各种培训机制，比如通过晨会中的固定分享、培训日、设立师徒制度等，把这些人的经验萃取出来，分享给其他销售人员。

第三，找到核心人才的能力壁垒，也就是这家公司的员工需要具备哪些核心能力，才能在这条赛道上占有一席之地。找到这个壁垒后，HR 要花大力气去做相应的培训，帮员工提升这些能力。比如，我们是一家专门从事全球高端家具销售的公司，所以具有美学能力是所有员工应该具备的核心素养之一。明确了这一点之后，我们就会设计一系列美学课程，并持续对全体员工进行培训。这样的培训连续做下去，我们公司就会形成人才能力壁垒，从而与其他高端家居品牌区分开来。

从这三种价值可以看出，培训对企业来说极其重要，而培训岗位的要求也是极高的。在一些比较成熟的公司，培训工作会由相对资深的 TD 专员来主导。

而与之形成反差的是，培训模块的新人做的通常都是一些事务性的执行工作，比如调研培训需求、准备培训场地、通知培训时间、协助老师完成课件、收集培训反馈等，不太会接触教研、讲课，以及制定培训计划、搭建培训体系等比较高阶的工作。这方面的事务性工作和高阶工作的差距实在太大了，甚至一些资深 TD 专员会对小白说，你先干好眼前的事，讲课、教研这些事和你没关系。听到这样的话，作为新人肯定会很郁闷。

那么，对一个新人来说，要怎样实现能力上的飞越呢？

首先，加强专业学习，一定要多看案例、多读书。不过我认为，对刚入行的小白来说，最重要的是培养自己的讲课能力，要让自己能讲几门课。

也许你认为，培训模块的工作重点在于制定培训计划和组织培训，而讲课这件事可以找外部老师，也可以由公司内部的高管或者专业人士来讲，为什么非要自己站上讲台呢？其实，站上讲台不仅能锻炼你的演讲能力，更有助于你未来从事教研、制定培训计划等比较高阶的工作。

我是得到高研院上海校区第七期学员。结业典礼上，每个组都要有一个人上台去演讲。我觉得机会难得，就自告奋勇地报名了。但让我没想到的是，得到高研院要求我们在准备演讲时写逐字稿，也就是把上台要说的每一个字都写下来。我一开始写得特别长，老师看过后删掉了其中的大部分内容，并要求我一定要上台演练。果然，站在台上开口讲，我才发现了之前稿子里的诸多问题。我能清晰地感受到哪里讲多了，台下观众开始不耐烦；哪里节奏太快了，让观众产生了很多疑问；哪里信息量太多，台下的人听不懂；等等。每次上台练习，我都能找到新的问题，然后再把稿子从头到尾修改一遍。经过不断打磨，我的思路越来越清晰，最后终于达到了老师的要求。

与演讲类似，课是否讲得好，教案是否优秀，你只有站在台上才能有所体会。也就是说，做培训教研的人，自己一定要有上台讲课的经验，否则对课程内容的编排、细节的颗粒度就无法真正把握好。

我们现在的培训团队由教研中台和讲师两部分人组成，其中我们对教研人员的要求是，他自己必须讲过课，只有这样才能去帮助老师、赋能老师，研发课件、挑选课件。如果你自己都不会讲课，怎么对老师提要求？如果你自己都没上台体会过和观众的互动，又怎么能判断一个课程的好坏呢？

你可以先从一些简单的制度讲解、企业文化宣讲开始，然后再逐步涉猎更多科目。在这个过程中，你可以自发地主动学习、钻研市面上的一些课程，并结合所在公司的特点进行落地研发。培训这条路能带给你很多快感，也会倒逼你不断拓宽知识结构，提升专业能力。

HR 各个模块中低阶岗位需要的人数远远高于高阶岗位，这导致大部分 HR 难以晋升。那么，如何在入行伊始就为将来的发展做好准备呢？赵宏炯老师以薪酬核算专员为例，给出了建议。

▌规划：看清模块的发展特点

· 赵宏炯

按照传统 HR 六模块的架构，C&B（Compensation and Benefits，薪酬和福利）专员负责薪资核算、申报个税、办理社保公积金等基础性事务；C&B 经理负责薪酬数据分析、付薪策略的制定和沟通等工作。但现实中，不同公司对这一模块的需求并不相同。

在一般中小型民营企业中，C&B 团队的职能仅限于执行，把工资核算清楚，把福利发下去，保证准确无误就可以了，很少涉及薪酬设计或者付薪策略。原因很简单，在这些公司，老板或者 CEO 会直接把付薪策略和各级别的薪资水平确定下来，并不需要 C&B 团队来决定什么。所以，C&B 专员的薪酬比较低，如果是刚毕业的新人，月薪在七八千元；如果是 C&B 经理，月薪大概在一万元。大多数民营企业都不会给这个岗位开出两万元左右的月薪，因为这个岗位的工作太偏执行，可替代性很强。

真正需要 C&B 团队来研究付薪策略的一般都是规模比较大的外企或者内资大厂。在这些企业，C&B 新人的成长路径十分清晰，他们一般毕业于名校，如果足够优秀，能够从新人中脱颖而出，那么公司可能会要求 C&B 承担起薪酬设计的工作，并且提供相应的培训。这样他就可以站在平台的肩膀上直接起飞，从薪酬设计到付薪策略，逐步成长为高阶人才。

外企、内资大厂中的高级 C&B 经理，月薪可以达到 4 万～6 万元，远远高于民营企业中 C&B 经理的薪资。虽然薪资高、能力要求高，但这条路也有一个弊端，那就是它的人才需求少，一旦失业，再就业比较困难。

C&B 新人的另一个成长路径是，大学毕业后进入全球一线的人力资源管理咨询公司，直接参与薪酬设计和咨询项目，然后在项目中逐渐成长为能力全面的 C&B 经理。

无论你身处哪类公司，将来想往哪个方向发展，你的基本功都一定要扎实。一般来说，C&B 新人可能会遇到这样几个问题。

第一，判断一名 C&B 专员的工作水平，主要是看他能做一百个人的薪酬，还是能做一千个人、一万个人的薪酬；在不同数量级上，他的差错率是多少，工作效率怎么样。他的主管可能会告诉他一些避免出错的方法，但更重要的是他要琢磨出自己的工作方法。

C&B 专员在核算薪酬时很容易出错，因为这涉及多种因素，比如考勤、入职、离职、提成、奖金、社保、处罚等，没有人能保证一定不会出错。一般人力资源部门会通过两种方法降低错误率，一是由一到两个人进行复核，尤其是对核算时使用的公式进行复核；二是设置检查点，比如社保的总数是否能和缴纳社保时的总数对齐。

所以，如果你是 C&B 专员，可能要经常被复核人员挑错，但你不要太过沮丧，从中找出原因，下次尽量避免就好。当然，即便经过了复核和检查，薪资依然可能算错，比如考勤记录本身就错了，或者销售额本身算错了，等等。这时，C&B 专员还会面临另一项工作，那就是薪酬答疑。薪资出错，一定会有员工来找你理论，可能还不止一个，这时你要准备不同的话术，耐心、诚恳地与他们沟通。

第二，很多新人认为自己职位低，只负责核算，但其实他可以多做一步，那就是对某一组数据进行深入分析，发现业务团队的一些问题，并给出建议。比如，你从销售提成中看出，销售团队连续三个月都超额完成任务，业绩达到了销售目标的 130% 以上，这时你就可以跟业务团队预警，可能销售目标定低了。再比如，销售团队连续半年都无法达成目标，这时你也可以跟业务团队沟通，是不是目标定太高了。销售目标制定得最合理的情况，是团队中有 20% 的人可以超额完成任务，有 60% ～ 70% 的人能基本达成，还有 10% 的人无法完成。C&B 专员其实有大量的数据可以分析，可以从中看出许多业务问题，但现实中很多人只想做一些简单的工作，不想多做一步。这样的人当然不会有好的发展。

第三，C&B 专员要不断学习专业知识，因为每个城市每年的社保政策、公积金政策都有可能发生变化，同时个税体系现在也十分复杂。C&B 专员对这些政策和细则不仅要熟悉，而且要倒背如流，这样才不会犯基础性错误。

一般来说，C&B 专员经过三到五年的成长，业务基础扎实，有一定的项目经验，并且形成了自己的方法论后，就可以考虑接下来的发展路径了。如果你所在的公司不需要一名可以驾驭薪酬策略制定工作的资深专家，那么你可以考虑走其他路径，避开这个模块的发展瓶颈。你的发展路径有以下三个方向。

第一，在大公司的 C&B 团队内部发展，逐步成为 C&B 经理、C&B 高级经理，站稳这条赛道。

第二，在熟悉一两个其他模块后转做 BP，将来朝着 HRD 的方向发展。在很多公司的人力资源部门，C&B 和员工关系模块都隶属于一个小组，因为这两个模块的 HR 性格相对比较内敛，做事都很注意细节，而且员工关系涉及入职、离职等，与薪酬核算关联度较高。所以，做薪酬模块工作的同学如果想跨模块，首选可能是去做员工关系。在熟悉了这两个模块的工作后，再转去做 BP 就会相对顺畅一些。

第三，创业，成立第三方 HR 服务公司，专门负责薪酬福利的外包业务。

如果你现在正考虑成为一名 C&B 专员，那么你最好对这一模块的工作有非常清晰的认知，比如高度的专业性、高阶职位需求量较低的特点等，以便更好地规划自己未来的发展路径。

初入职场，在想方设法提升专业能力的同时，你也一定感受到了职场环境与学校的不同。在这里，说话不讲方式方法，不考虑他人感受是行不通的；好高骛远、眼高手低也是大忌。但同时，你也不能过于乖巧和低调，不能领导让你做什么就做什么，而不去主动承担事务；也不能总是默默无闻，习惯忍让。职场是一个复杂的生态，万般道理都需要你慢慢去体会、领悟。而如果你一时找不到职场生存的门道，那么至少不要犯一些低级错误，比如耍一些"小聪明"。

新人不能耍哪些小聪明

·肖焱

刚刚进入人力资源部门，面对日复一日的具体工作，新人经常会因为马虎、粗心或者经验不足而犯一些基本错误，比如算错薪资、绩效表格张冠李戴等。其实，这些错误都是可以通过改善工作方法避免的。与之相比，真正会影响新人职业前途的是耍一些小聪明。

我在某互联网公司工作时，团队中有一个刚毕业的女孩，她主动提出想做薪酬核算，于是我让她先从一个五六十人的小团队的薪酬做起。过了几个月，我们觉得问题不大，就让她转正了。转正之后，她负责的团队比之前负责的人数多了，随之而来的工作难度也有所增加，她天性中的粗心马虎逐渐暴露了出来，薪资核算总是出错。有一次，被算错工资的员工找她核对，她意识到是自己的问题，就和对方说："我给你算少了，我赔给你，不过你不要告诉别人。"她想用这种小聪明掩盖自己的问题。可天下没有不透风的墙，事情最后还是传到了我这里，她和自己的主管都按照规定受到了处罚。其实，犯错可以纠正，毕竟谁没有犯过错呢？但她这种掩盖真相的做法是 HR 的大忌，因为 HR 是一个对原则性要求很高的职业，在很多事情上我们都要坚持正确的价值观和立场，这一点非常重要。

另外，HR 会接触更多或更早知道公司的内部消息。很多新人常犯的另一个错误是自以为消息灵通，乐于向别人私传消息，比如公司又发生了什么大新闻，谁是老板的亲戚，谁和谁是一派的，等等。对其他业务部门的员工来说，聊这些八卦可能仅仅是茶余饭后的窃窃私语，但对 HR 来说，这就是缺乏职业素养的表现。

HR 是一份针对人的工作，你要时常站在更高的视角看待公司对人的管理和对人才的需求，而不能自己掺和到是是非非中去。没有了客观立场，也就没有了职业的视角，"小聪明"反映出的其实是大问题。

还记得我做新人时，赶上业务团队的一次竞聘，一位同事在竞聘中胜出。那天一大早我就知道了竞聘结果，并得知当天下午公司会发全员邮件公布结果。中午，我在食堂吃饭，碰巧遇到这位胜出的员工，于是就当着很多人的面对他说："你要请客了啊！"大家一下子全明白了，纷纷向他表示祝贺。后来，这件事传到我的主管那里，他狠狠地批评了我一顿。到现在我还记得他很严肃地跟我说："作为 HR，永远不能私传没有正式公布的消息，这是原则！"虽然我从不传八卦，但就是这样提前的祝贺也是违反原则的。

这两个例子都属于 HR 的作风问题，虽然表面上不是什么大错，但其实都涉及 HR 的工作原则，有可能令你在将来酿成大错。比如，随着职位的提升，HR 会接触到公司越来越多的内部信息，如果没有很强的原则意识，你会不会无意间泄露公司的重要机密？你也可能会与很多利益相关方，如外包公司、猎头公司等有业务往来，如果想通过给你回扣的方式掩盖自己的工作失误，你会不会认为这是小事一桩，并欣然接受？所以，从入行开始养成不耍小聪明的习惯，对 HR 来说非常关键，它是你今后整个职业生涯健康发展的基础。

CHAPTER 3

第三章
进阶通道

欢迎来到 HR 职业预演之旅的第二部分——"进阶通道"。

设想一下，现在你已经有了 5～8 年的 HR 经验，你可能一直专注于某个模块，正准备朝着专家岗发展，成为一名 COE 专家；你也可能已经转岗成为一名 BP，深入到某个业务团队，协助团队达成目标。无论你在哪个方向发展，当你面对复杂问题时，都要能给够出解决方案，并且让方案落地，执行到位。也就是说，你的能力必须全面升级。

在这一章，你会看到：

·BP 要做哪些工作？

·BP 需要哪几方面的能力，又如何深入了解业务？

·BP 如何取得业务负责人的信任，当双方发生分歧时，又该怎么办？

·COE 专家如何了解业务，怎样才能与 BP 顺畅协作？

·薪酬、招聘、培训等模块的 COE 专家会面临哪些难题，又有什么解决办法？

这些都是 HR 工作中的普遍问题，也是我们职业预演之旅上将要面对的问题。让我们开始吧！

◎ 进阶心法

HR 为什么需要长期主义精神

▌成果：HR 的每一项工作都需要时间验证

·盛莹

有些 HR 在一家公司做久了，眼看前途堪忧，就想通过跳槽的方法达到晋升或者加薪的目的。这样做的确可以帮助 HR 在短期内涨一点工资，但从长远来看，这种做法可能弊大于利。

HR 这个职业带有典型的长期主义色彩，几乎每一项工作都不会马上收获成果，而是需要长期经营。这就导致 HR 很难在短期内获得专业经验。

比如，我们公司每年都要做一次职级晋升，团队管理者可以推荐晋升员工，员工也可以毛遂自荐，然后大家要做公开述职，相关评审委员再按照每个职级的能力标准判断员工能否晋升。

这样大张旗鼓地做晋升有两个目的：第一，让大家看到自己的成长，收获努力的结果；第二，在员工心中树立标准，让大家清晰地知道每个职级的能力要求是什么，今年被推荐晋升是因为做对了什么，明年想再升一级还要做哪些努力，等等。这种标准树立起来后，管理目标容易拉齐，团队负责人也会知道如何给员工赋能。晋升每年持续地做下去，人才梯队就会比较完整，员工的士气会变得积极向上，组织能力也会随之变强。所以，我们做晋升的终极目的是提升组织能力。但如果你刚做完一两年的晋升工作就跳槽了，就无法看到这种晋升机制会对组织能力产生哪些影响，更无法从每年的复盘中总结经验、看到变化。你以为自己学会了怎么做晋升，但其实你并没有看到这件事的完整体系，没有形成完整的经验积累。

从表面上看，HR 的工作是解决一时的问题，当下就能看到成效。但实际上，HR 的很多工作都是慢功夫，有时需要到第三年或第四年，甚至更远的将来才能看到结果。

举个例子。多年前，我曾在一家线上教育机构工作，在和业务负责人盘点团队能力模型时发现，我们的产品普遍缺少互动功能，也就是运用动画、答题等方法与学生进行高频互动的功能。这在当时还是一个比较超前的教学模式，也是未来的发展趋势，但要把这个能力补齐，靠外部采购是不行的，毕竟那时市场上还没有现成的供应商，所以我们只能自己重新搭建、培养一个专门的产品团队。

我和业务负责人把这个想法汇报给老板，她认为看不到这件事当下的价值。但由于业务负责人非常笃定，我们过去也做了一些能让公司看到价值的事情，所以老板勉强同意了。没想到，仅仅一年多后，互动功能就成了行业竞争的焦点，我们花了一年多时间建立、培养起来的产品团队为公司在新一轮竞争中占据了领先地位。

这件事从侧面印证了 HR 的工作方向有时需要长时间服务于一家公司之后才能判断，而且他做事的结果也可能在较长时间之后才能看到。人才队伍的建设和组织能力的提升都需要长期积累，需要你耐得住性子，扛得住压力。在这个过程中，你可能会遭到各种非议，比如在产品团队还没有拿出成果时，别人可能会说，组建这个团队花了好多钱，浪费了公司资源，是一件没用的事。而当团队真正在竞争中胜出时，别人才能看到 HR 工作的价值。

HR 的工作几乎没有一件是今天做了，第二天就能看到效果的。即便是招聘，你今天面试了一个人，第二天这个人入职了，貌似有结果，但招人的目的是提高人效或提升组织能力，这可能是几个月都不能看到成果的，需要你和业务负责人用一系列动作帮助这个人融入团队，逐步接近目标。

长期主义的特点决定了 HR 的成长不能一蹴而就，它要求 HR 能沉下心来，给自己时间，在反复打磨和沉淀中实现能力增长。这个特点也决定了 HR 适合在能够长期发展、螺旋式上升的组织中成长。

"能够长期发展"，意味着这家公司的业务能力很强，有稳定的市场价值。这样 HR 做的事才有时间落地，并且能拿到结果。比如做人才梯队建设，如果你的人才梯队刚建成，公司就倒闭了，你就无法判断这个梯队搭建得是否合理，也无法复盘，并从中获得经验。

"螺旋式上升"，是说一家公司不仅要有稳定的市场价值，也不能因循守旧或停滞不前，而要不断寻求改变和突破。但改变不是朝令夕改，而是螺旋式上升，这样 HR 才能有空间去做一些迭代和突破。

我们经常说，业务与组织是相辅相成的两条腿。有一个公式是：企业成功 = 战略 × 组织能力。其中，"战略"是业务选择得对不对，能否长期发展；"组织能力"是整个组织持续产生价值的能力。这两方面相互依存，共同成长。

如果你已经掌握了一些基本功，想通过跳槽达到晋升或者加薪的目的，那么你最好先审视一下自己和自己所处的环境：第一，你是否对成长有足够的耐心，是否愿意去做一件长期主义的事情；第二，这家公司是否适合 HR 成长，如果是，你就要坚定地走下去。

HR 是一个可以跨行业跳槽的职业。从传统制造业到互联网公司，从零售公司到房地产集团，HR 都有可能找到机会，等进入一家公司后再逐步了解公司所在的行业。这个特点让很多 HR 会轻易做出跳槽的决定，在不同行业间来回切换。但在佟磊看来，这样的做法得不偿失。

▎基石：对公司文化的深刻了解是 HR 发展的基石

· 佟磊

如果你所在的平台在行业中的位置还不错，企业文化也是你能接受的，那么就不要为了 10% 或者 20% 的加薪去频繁跳槽。在我看来，跟着一家公司成长，从 HR 专员到经理，或者转到 BP，最后朝着 HRD 逐步发展，你的职业发展会是一个上升的过程。哪怕中间受了一些委屈，你的收获也会比通过跳槽增长那点工资多得多。跳槽到一家新公司，虽然你已经具备了一定的专业能力，但从对一家企业的文化和目标的理解上看，你其实是要从零开始的。

在一家公司长期发展，你能清楚地知道它的企业文化的形成过程，这有助于了解很多事情背后的原因和机制。比如，某个项目为什么大家都不喜欢，某个决策为什么老板要这么做，某些问题为什么要这么解决，这些不是你看教科书或者学习某个课程就能知道的，而是要深入沉浸到一家公司的文化和业务中才能有体感。如果 HR 不在一家公司长期发展，就体会不到很多事情背后细微的东西，因而无法从根本上解决人和团队的问题。

深入理解公司文化，是 HR 工作中最硬核的部分。职位越高，深入理解公司文化的机会就越多，对日常工作问题的理解也会越深入，最后晋升为高阶 HR 管理者的概率就会越大。而如果你不持续给自己创造深入理解公司文化的机会，而是为了 10% 或者 20% 的加薪就换个地方从零开始，那么你损失的可能是职业攀升的机会。我认为这非常不值得。

举个例子。一些大厂是我们公认在 HR 方面做得非常出色的企业，但这些公司的 HR 去别的公司发展往往很难适应。相同的做法在大厂行得通，在其他公司可能就会处处碰壁。原因是什么？是 HR 的专业能力发生了变化吗？当然不是，是 HR 对新加入的公司的文化不够熟悉，对老板的思路不够了解，不知道很多表象背后的深层原因是什么，所以对很多问题找不到合适的解法，只能拿出从前的老办法。这时，HR 需要更长时间去适应、把握这家公司底层和内核的东西。

HR 的工作好比酿酒，你要在一个稳定的环境中慢慢吸收周围的各种味道，经过多年沉淀，才能成为好酒。但如果你耐不下心来，对周围的温度、湿度有一点不满意就要换罐子、换瓶子，那酒的味道就会散尽、飘走。

所以，既然选择了一个奉行长期主义的职业，如果平台没有什么大问题，那么你不妨在这里工作 5 ～ 10 年，到时候再去看自己收获了什么。

当你告别 HR 基础岗位，升职为 HR 经理，或者成为一名 BP 或 COE 专家时，你肩负的责任和面临的压力都比过去大了。这时你可能会发现，令你不开心的事逐渐变多了，甚至还会遇到一些让你感到委屈的事。事实上，很多 HR 经常会在工作中承受委屈，他们甚至会把自己比作"背锅侠"。

受了委屈怎么办

▌心态：不纠结，往前走

· 盛莹

我们经常开玩笑说，HR 是高危职业，尤其是当业务发展不顺畅时，业务负责人或者公司管理层一般都会认为一定是因为人不对，比如招不到、开不掉、动不了、沟通不畅、协作不畅、价值观不匹配等，而人的问题就与 HR 有关。

当你不再是小白，开始承担更多责任时，你会发现，HR 的角色定位决定了他在很多时候就是会受委屈、背锅。对此，你要先辨别这份委屈是因为业务发展过程中很多问题大家没有想清楚，也没有找到合理的解法，因此产生了一些争论，甚至误解，所以你不可避免地要背负责任，还是说业务负责人很清楚不是你的责任，故意让你背锅。如果是后者，你当然要果断拒绝；而如果是前者，我认为你不必纠结自己受了委屈是否要反抗，因为 HR 的工作本来就是陪伴业务一起往前走。如果在大家看不清楚、想不明白的时候，你采取离队、对抗的方式，那么说明这份工作你做得十分扭曲。

那么，如果遇到前一种委屈，HR该怎么办呢？

首先，面对委屈，你要调整心态，和大家一起想明白、看清楚，然后重新出发。

我的一位前同事，现在是一家集团公司的BP负责人。有一次他在业务老大那里受了点委屈，非常沮丧，但同时心里也憋着一股劲，想要跟这位业务老大争个高低。他找我取经，问我有什么斗争经验。他说："你是怎么在这么长的时间里一直保持斗志的？"一听这话我就很惊讶，我说："首先我没觉得自己有'斗志'，作为HR，如果你把自己和业务老大的配合当成战斗，受点委屈就一定要打败对方，那你就输了。只有让他感觉很需要你、离不开你，你才算赢了。"可我这位前同事就是咽不下这口气。在他看来，他和业务老大不是东风压倒西风，就是西风压倒东风。我进一步跟他说："HR其实是业务的拐棍，你要让他扶着你，但又不能让他永远依赖你。当他执意要摔的时候，你稍微让他摔一摔，但马上就要把他扶起来。你不要老想着怎么才能把他摔在地上，他真摔倒了，起不来了，你这根拐棍也就废了。即便以后你给别人当拐棍，别人也不敢用。你们是伙伴，相互依靠才能走得远。"

发展到一定阶段，很多HR都会面临这样的问题——处理不好和业务老大之间的关系。我认为，HR和业务老大是过日子的关系，如果两个人因为一点事闹了别扭，你可以换个角度来想：你觉得受委屈，但你怎么知道你支持的业务老大没有因为你的一些情况替你扛过雷、受过委屈呢？

前几年，我在一家线上教育公司做 HRD。按照老板的要求，我们急需"瘦身"，每个部门都要裁掉 10% 的人，末位淘汰。但我认为，这种一刀切的做法是有问题的。我们应该先去做人才盘点，看看公司的核心能力是什么；哪些部门是不能动的，哪些部门可以多裁一些人；在裁员总人数不变的情况下，怎样才能保持住公司的核心竞争力。于是，我们做了详细的人才盘点，给各部门的能力模型打上了标签，并和外部公司做了对比，最后制定了一套差异化的裁员策略。比如，对于效率不高的部门，我们斩尾可能不是 10%，而是 20%，甚至 30%。但当时，公司管理层很多人是不理解这种做法的：凭什么那个部门的人不动，我的部门就要裁这么多？董事长都说了每个部门裁 10%，你凭什么自作主张？

我当时的压力非常大，的确受了很多委屈。但 HR 的价值就在于能站在更宏观的角度，更立体地去思考问题。那时，我手里有很多方法和工具，以及平时积累的素材，因此我立场坚定，说服了 CEO 采取更有利于企业的方法。在这个过程中，CEO 是支持我的，她和我一起顶住了来自董事长和管理层的压力。所以，在你受委屈的时候，你的业务伙伴可能也有所背负，并且不一定比你背得少。而如果是你和你支持的业务之间产生了误解，导致你受委屈，那么，只要确信彼此的初心，就要继续往前走。

一般来说，HR 在一个企业中有三种"死法"，分别是：我看不到问题；我虽然看到问题了，但是我推不动；我看到问题了，也推了，但是在推的过程中，我没扛住，被别人给弄"死"了。除了第一种"死法"是因为专业不过硬，其他两种都取决于你支持的业务老大肯不肯跟你一起扛，以及能否扛得住。

其次，受了一次委屈，你应该从中总结出一些门道，以避免类似的事情再次发生。

在我看来，如果你在一个组织中，一连两三年都在解决当下的问题，被眼前的事情追着走，那么当组织发展到一定的阶段，很多问题逐一显露出来，你受委屈就是很自然的事情。比如裁员，如果你平时对人才负债表、人才投入产出利润表和人才流量表定时做汇报，给管理层足够的思考时间，那么在发展规模、招聘速度上，企业就可能会及时做出调整，不会到了某个阶段突然觉得组织臃肿、效能低下，贸然决定"斩尾"。如果这时你才想到去做人才盘点，那多半是要承受压力的。而如果你提前下功夫，也许就能避免这一幕的发生。

我们团队曾经有一个小伙伴在业务那里受了委屈，回来跟我哭诉。我对她说："只要你的初心是帮助组织成长，什么委屈你都能扛得住，而且你会从这件事上有所收获。其实，你的初心大家都能看到，即便有人看不到也没关系，毕竟有句话叫'念念不忘，必有回响'。"

▍思考：从委屈中找出隐藏的系统性问题

· 张韫仪

HR 经常戏称自己为"背锅侠"，因为 HR 经常会由于业务团队出问题而被老板"打板子"。比如，某团队业绩持续低迷，老板可能会直接在开会时质问：HR 当初为什么招了这么一个业务负责人，还给了这么高的工资？这个团队的士气为什么一直起不来，咱们的激励机制是不是毫无作用？

如果你是一名 HR，听到老板这么说，你的心情一定很沮丧、惶恐，甚至有点愤怒。这时，你不能简单地认为自己是在无端地受指责，在为别人"背锅"。你不能沉浸在自己的委屈里，而要分析清楚自己到底为什么会挨"板子"。是因为自己沟通不足，还是因为工作有失误，或者是因为公司存在系统性问题？如果是后者，你就要从专业的视角，帮助老板和业务团队梳理清楚问题，找到症结和应对方法。

一般情况下，HR 可能会遇到四种系统性问题。

第一，企业战略不清导致部门目标不清或资源不到位，从而使团队难以达到业绩要求。比如，企业的龙头业务是运动服装的销售，在市场上的占有率和美誉度都不错，但随着业务快速发展，老板认为公司能力已经成熟，可以经营多种业务，甚至全面开花。于是，老板不惜重金进军房地产、酒店、旅游、娱乐等多个行业，但究竟哪一个是重点，以及每个业务的目标是什么，他并没有想清楚。同时，由于企业业务向多领域拓展，对于运动服装这一块，企业不得不削减部分预算，并提高销售目标。不久之后，运动服装的销售额开始下滑。

这就是因为企业没想清楚自己的战略，只是一味地开疆拓土，想要把各条业务线的业绩都做出来。在这种情况下，各业务线的负责人很有可能缺少方向感。他们不知道自己现在做的事对企业的价值是什么，一年、三年、五年后这项业务的方向又是什么。他们只知道，在现有框架下，自己的业绩老是完不成，所以只能一直招人。一拨人来了，不行，再换另一拨人。但究竟为什么业绩不行，他们也说不出原因。而在老板眼里，换了那么多人，业绩都提不上来，说明业务负责人能力不足，也说明 HR 招人不利。这时 HR 就要主动思考，引导老板和各业务线负责人想清楚战略目标，利用现有条件达到公司要求，而不是只靠招人来应对。

第二，业务流程没有梳理清楚，导致团队业绩不好。 比如，业务应该按照什么顺序来流转？部门内每个组的业务边界在哪里？流转时小组之间的沟通方法是什么？怎么确认交接？……如果这些问题没有梳理清楚，很多事情就可能找不到确切的负责人，员工忙成一团，但协作毫无章法。长此以往，员工之间就容易发生矛盾，出现问题后互相推诿，不愿承担责任。而团队负责人可能会认为是 HR 招的人不行。其实，在这种情况下，招任何人进来都会出现类似问题。这时，HR 应该主动提醒，甚至帮助业务负责人理清流程，减少甚至消灭其中衔接不畅、发生卡顿的地方。

第三，团队负责人业务能力很强，但对什么是管理、怎么带队伍一窍不通。 我遇到过一位业务负责人，他在汇报工作时无意中说了一句话："人才的选用育留是 HR 的工作，我就不汇报了。"这是典型的对管理缺乏常识的表现。

事实上，业务负责人永远是团队人才选用育留的第一责任人，HR 的作用则是赋能和协助。如果业务负责人不知道怎么面试，HR 可以协助他整理一套结构化的访谈问题，告诉他其中的关键点有哪些；如果新员工无法融入团队，HR 可以帮业务负责人组织团建；如果业务负责人不知道怎么提升员工的专业技能，需要让员工接受某方面的培训，HR 可以研发课程或者邀约外部讲师来授课；等等。HR 的角色是协助、陪伴团队负责人工作，而不是直接对团队进行管理。其实，HR经常会遇到缺少管理经验的业务负责人。对此，你不能抱怨说，"这个人怎么一点管理意识都没有，还爱甩锅"，这是不能解决问题的。作为HR，你要理解，并不是每个人都能快速具备管理能力，而HR的职责之一正是帮助业务负责人建立对管理的认知，提高管理能力。

第四，领导层或者员工能力不足，无法匹配企业的战略目标。这种现象经常发生在正在快速成长的企业中。这些企业凭借优秀的产品迅速在市场上打开局面，销售额突飞猛进，企业规模迅速膨胀，再加上资本对企业不切实际的要求，人员数量可能会在短时间内翻几倍。在野蛮生长中，招聘工作难免粗枝大叶，HR可能还没确定岗位的能力模型就让候选人快速入职了，而业务人员又迅速被提拔成管理人员，缺乏基本的管理常识。这就导致团队中的每个人都不够成熟，普遍无法胜任自己的岗位。在这个过程中，HR可能一直处于被动状态。他紧跟着老板的要求，没时间也没精力做专业判断，所以公司的组织能力出现问题是迟早的事。面对这种局面，HR应该及时进行人才盘点，梳理清楚各岗位的人才画像，努力避免无序发展。

这些系统性问题都会导致公司的组织能力不足，而HR可能会因此受到老板的指责。对此，你不要一味觉得自己是被冤枉的，而要先分析原因，搞清楚哪些委屈你不仅要承受，还要进一步帮公司找到当前问题的解法；哪些委屈你必须自我化解，或者清晰地表达出来。你要抱着解决问题的心态去找原因和解法，而不要困在情绪里。如果你始终无法找到解法，要么忍着，要么离开，等到了下一个岗位，遇到类似的情况，你的心理压力依旧会很大，只要遇到一点不开心，就会觉得自己很差、很倒霉，找不到价值感。

◎ **业务伙伴（BP）**

BP 是 HR 三支柱架构中的重要组成部分。2006 年，我国互联网企业开始尝试以三支柱架构改组人力资源部门，华为、腾讯、阿里巴巴等公司都建设了完备的 BP 团队。在很多公司，三支柱架构中的 COE 团队可能会因为各种原因被缩减甚至被裁撤，SSC 团队可能会越来越依赖系统化工具，但 BP 团队却普遍被认为是应该得到加强和提升的。那么，BP 的定位和职责是什么？他们要达成的目标又是什么呢？

BP 是一个怎样的岗位

▎作用：BP 在企业中要起到怎样的作用

· 盛莹

做了六年人力资源管理咨询后，我到百度成了一名 BP。虽然这不算转行，但对我而言，是一次职业意识上的巨大转变。

我毕业于北京师范大学心理学系应用心理学人力资源方向，我们的主干课程包括心理学、组织行为学和社会学等课程。以社会学的视角去看人力资源管理，是我在校四年建立起来的知识框架。毕业后，我在埃森哲做人力资源管理咨询，给一些面临改制、并购的央企、国企提供 HR 解决方案，主要工作内容是"老三样"——岗位、薪酬和绩效。在这六年中，我建立起了结构化的思维方式，培养了制定解决方案的能力。

但是，这些经历和经验并不足以让我成为一名优秀的 BP。

去百度应聘时，面试我的 BP 负责人对我影响非常深，她帮我理解了到底什么是 BP。她说，BP 其实有三层含义：

第一，作为 BP，最重要的是专业知识必须扎实。在 HR 的六个专业模块中，你至少要深耕其中的两到三个，同时能够融会贯通地理解 HR 各模块之间的系统性关系，不仅能解决单个问题，还能从全局视角出发，系统性地提出解决方案，并有节奏地推动方案落地，而不能头痛医头，脚痛医脚。

第二，BP 的 B 是 business（业务）的意思，也就是说，你必须懂业务。这并不是说你要能随口道来这个业务的专业术语，而是说你要能理解业务的价值链条，以及其中的关键点——大到这个团队在公司的战略地位、在行业里的竞争地位，小到团队中的工作流程、每个岗位的胜任力模型、员工的能力水平，以及团队氛围和人际关系特点等。只有掌握足够多的信息，你才能了解业务团队的发展需求和关键痛点，也才有可能提供正确的解决方案，协助团队取得成功。

第三，你要有 partner（伙伴）的心态。partner 心态不是天天讨好业务团队，而是以事业伙伴的心态陪伴他们，时刻思考这个团队的组织能力怎么提升，人才队伍怎么建设，团队氛围怎么凝聚。业务成功你得陪着，业务失败你也得陪着，你要跟业务站在一起，不离不弃。

前几年，有些公司把 BP 的绩效目标和业务绩效绑定，导致很多 BP 更愿意选择去绩效优秀的业务团队做 BP，在绩效上"搭便车"；而那些绩效不好的团队则无人问津，只能强行安排 BP 人选。但实际上，BP 的价值并不是这个业务成功，所以我成功，而是我能协助业务一起成功。

有了这些概念后，我在百度进一步了解了 BP 对公司的价值。当一家公司规模不断扩大，业务向多元化发展时，不同区域、不同业务、不同模块的人力资源管理需求都各具特色。如果人力资源的所有工作都由集团统一管理，就会导致各业务线的效率降低，需求无法匹配；但如果让各业务线都有完善的 HR 团队，又容易导致它们各自为政，缺少管控。而 BP 就相当于集团人力资源部门与业务的一个接口，他们既能够与业务部门深度贴合在一起，了解其需求和痛点，也能将集团层面的人力资源制度有效落地，拿到反馈。

其实，HR 在企业中扮演什么角色，BP 的工作深度如何，在不同企业是有差异的，这取决于企业最高决策者或者决策团队与 HR 一号位和 HR 团队的合作模式。比如，阿里巴巴、腾讯和百度这三家公司 BP 的定位与做事风格就各有不同。阿里巴巴的 BP 比较强势，他们对业务的介入程度很高，有的 BP 甚至是从业务直接转岗过来的，公司赋予了他们很高的话语权，甚至有一票否决权。相比阿里巴巴，腾讯的 BP 更为柔和，偏向服务支撑型，更强调各业务线一号位在组织和人才队伍建设中的管理责任。而与阿里巴巴和腾讯不同，百度是根据不同业务线在公司战略中的地位和价值，来决定 BP 管理模式的。

我自己把 BP 分成三种类型，也可以说是 BP 发展的三个阶段：

第一种，支撑型，BP 能满足业务的基本需求，比如一般员工的招聘、绩效考核、职级调整等，能把事情料理妥当、执行到位。

第二种，专业型，BP 不仅能满足业务团队的诉求，还能把团队的诉求沉淀为规律性的需求，帮助业务负责人排兵布阵，用专业技能解决团队痛点，比如帮助团队搭建人才梯队、寻找能力漏洞、规划培训、通过奖金分配策略对员工进行激励等。

第三种，战略型，BP 要前置性地思考一个团队可能会遇到哪些问题，如果企业要组建一个新业务，BP 要能够排兵布阵，思考这条新业务线的文化应该怎么搭建，具有什么样的氛围等。

从一个咨询人员转变为企业中陪伴业务成长的 BP，这种转变让我开始重新认识 HR 对企业的价值，也让我多了一份使命感，那就是坚定地站在业务团队身边，理解他们的痛点，帮助他们夯实能力，持续获得成功。

职责：BP 要做哪些工作

· 赵宏炯

BP 是业务团队的伙伴，他要助力业务负责人，要面对普通员工，要熟悉业务流程和团队目标，要把公司的人力资源制度落实到位。这听上去非常庞杂，但其实 BP 的职责可以归纳为三点。

第一，BP 要能够帮助业务负责人获取关键人才。你可以自己招聘，如果公司有专门的招聘团队，你也可以和他们打配合。但前提是，你要清楚你所支持的业务团队为什么招人，他们需要什么样的人才，以及市场上这些人才的获取路径、薪酬范围等。

第二，你要通过数据分析和论证，给业务部门提供人力资源方面的专业洞察。如果你所在公司的人力资源部门设置有 COE 岗位，他们会做一些深度的人力资源研究，制定相应的解决方案和规则。BP 需要把这些规则落地到业务部门，同时根据部门特点调整细节。在这一过程中，你不仅要负责公司制度的执行，还要帮业务部门做一些横向比较，提供有价值的洞察。比如，竞品公司在这条业务线上用了 40 个人，而我们有 70 个人，他们的业务分工和流程是什么，是如何管理的，我们要如何借鉴，等等。如果你所在的公司没有 COE 岗位，那么这方面的工作你就要去主动思考，深度钻研。

第三，你要理解业务团队的特点，根据其特点创造性地促进业务部门达成目标。比如，销售团队经常做经验分享，他们通常的做法是小团队中的几个人开会，让成绩突出者谈一谈自己的心得。但一般情况下，绩优者都会有所保留，不愿意把自己的真功夫告诉别人，因而可能会在分享会上敷衍了事。

但如果有 BP 参与，情况就会完全不同。我们公司销售部的 BP 曾经组织过一次 top sales 的庆功宴，整个 HR 部门都投入其中。我们当时找了一个很大的礼堂，铺上红毯，举行了隆重的颁奖仪式，同时发放了丰厚的奖金。此外，我们还在抖音找了一些非洲兄弟，他们在跳完一支舞蹈后用生疏的中文说："××，你是上海嘉里中心的销售大帝！"我们想尽办法把气氛烘托得轻松热烈，然后再请 top sales 上台分享。我们提前跟他们说好，要有 PPT，要投屏。在这样的氛围中，几名 top sales 把自己在整个销售流程中的经验分享出来，说得全面而细致，因为他们得让所有人知道自己配得上这个奖，配得上这份奖金。这样，BP 就把一个简单的颁奖做成了一次分享、一次知识萃取。

这样的活动策划，其实是基于 BP 对销售行业的深刻理解展开的：销售喜欢什么样的氛围？什么样的仪式感会对他们起到激励作用？在什么情况下他们才会把自己的独门绝技分享出来，从而让优秀的能力在团队中得以复制？

根据业务团队的特点展开工作，意味着你要有良好的共情能力，能够从业务人员的视角发现问题，深入沟通。比如我刚到 Cabana 时，一家重点店铺的业绩下滑明显，我要帮老板去找这家店的店长了解情况，看看到底是什么原因导致了这种结果。他当然知道我是 HR，但凭什么跟我说真话呢？这就需要我有共情能力。我先客观地跟他讲现在的状况，我们理解可能会是什么原因导致的，希望有哪些改进，但现在确实遇到了一些困难，所以大家需要一起想办法……他听了觉得有道理，就开诚布公地和我聊了一个多小时，最后我们一起找到了问题的根源。

共情，就好比你和业务人员共同面对一个秘密洞穴。当他深陷其中，高声呼喊"我被困住了，这里好黑，快来救我"时，你听到后马上回应说："嘿，我在这里！"接着，你爬下去，继续说："我知道在这下面是什么感受，但你并不孤单，我来想办法……"

究竟什么是共情呢？我认为，共情是一种以他人视角看待问题的能力，是承认他人眼中的世界是真实的。你要对一个人有所观察：他的初心是什么？他最在意什么？他在回避什么？我们的共识可能在哪里？……BP 的天然职责是与业务团队站在一起，理解他们的痛点及需求。

共情能力要求你不仅能了解业务负责人的所思所想，能够和他一起打配合，还要在一些他不愿意处理或者不愿意做"坏人"的地方来主动承担。比如，团队中一个业务小组效率不高，小组长的办法是再招几个人，然后他去问业务负责人行不行。业务负责人知道这根本不是人手问题，而是流程问题，但出于综合考虑，他不想在这件事上扮演"坏人"，所以他说："可以招，不过你要先问一下 BP 还有没有名额。"小组长马上找到 BP，BP 对业务负责人的想法心知肚明，所以他直接说公司现在不开放名额，不可以招。这就是 BP 和业务负责人打配合、唱双簧。

BP 这三项职责说起来容易，做起来却并不轻松。事实上，大部分 BP 都只能做到前两项——帮助团队招人和落实公司制度。但能否理解业务特点，并在此基础上创造性地工作，才是 BP 的核心价值。

其实，能够成为一名什么样的 BP，不全取决于 HR 自身的专业能力，也与业务负责人对 HR 的认知和期待有密切关系。有的公司认为 HR 可以在管理上发挥巨大作用，愿意充分放权，BP 施展的空间就比较大；有的公司则认为 HR 就是个服务部门，完成一些职能工作就可以了，BP 施展的空间就会相对较小。同时，由于行业、企业的发展阶段，以及业务负责人特点的不同，BP 需要发挥的作用、要具备的能力也不尽相同。

BP 与业务负责人如何搭配

▎差异：业务类型不同，需要的 BP 也不同

· 盛莹

　　BP 和业务负责人的合作就好比过日子，两个人要相互理解，彼此支撑，搀扶着一起往前走；中间遇到事了，要相互商量；一个人忙不过来，另一个人得及时补位；打了胜仗要一起举杯欢庆，遇到挫折也要一起扛。但两个人能否齐心协力地往前走，共同成长，也和过日子一样，基础都是要适配。

　　如果准备做一名 BP，你可以先对自己做个判断，或者与上级沟通一下自己更适合搭配什么类型的业务，什么业务阶段的团队，以及什么样的业务负责人。

　　首先，不同类型的业务需要的 BP 是不同的。比如，针对纯生产型业务，我们通常会选择逻辑思考能力相对强一些的 BP，他的数据分析能力要强，做事要严谨，因为他要定期分析大家的工作效率，通过数字发现问题，并及时推动效率提升；如果是营销型团队，如销售部，我们会找擅长带士气、带

氛围、有温度、讲关怀的 BP；而产品研发型团队的 BP 则必须
有比较强的策略能力，善于给团队赋能，可以协助业务负责
人判断应该选什么样的人，如何搭配团队和组织，如何把能
力沉淀下来，等等。

其次，不同发展阶段的业务团队需要的 BP 也是不同的。
初建团队，一定要有一个招聘能力很强的 BP。比如我之前服
务过的一家公司，曾经一天入职几十人，甚至上百人。当时
公司的 HR 负责人就是猎头出身，而我加入时，这家公司的
招聘已经步入正轨，组织变革和效率提升等方面的工作成为
重点，这也是我能发挥价值的地方。

公司如此，团队也是如此。一条刚刚组建的业务线，由
招聘模块出身的 BP 来支持是最合适的；而一个相对成熟、已
经在市场上站稳脚跟的团队，提升组织能力的需求会凸显出
来，那么薪酬、绩效模块出身的 BP 就比较适合；进入平台期
的团队业务稳定，增长趋缓，团队容易出现疲态，忘记初心，
那么 BP 就需要有很强的文化造势能力和企业价值观布道能
力，可以协助业务负责人在团队内部进一步形成共识，提升
凝聚力。

搭配固然重要，但更重要的是 BP 那份与业务团队共进
退的初心。当你陪伴业务团队一起打仗，一起体会战胜困难
的喜悦，一起经历灰暗时刻，然后又调整步伐再出发时；当你

看到这个团队集体站在领奖台上，收获胜利和成长时，心里真的会特别有成就感。可以说，BP 对业务的陪伴，是出于使命感，也是出于战友情。

　　盛莹老师从业务类型、团队发展阶段的角度来考虑 BP 与业务的搭配问题，而张韫仪老师在安排 BP 工作时，会更多地考虑业务负责人的个人背景和思维方式。

┃ 适配：根据业务负责人的不同特点搭配 BP

· 张韫仪

　　BP 各有专长，适合搭配的业务负责人也各有不同。

　　比如，对于一名来自互联网大厂的业务负责人，最好给他搭配一名有类似背景的 BP，因为互联网大厂的运行机制和沟通语言是有共性的，他们之间比较容易对话。如果业务负责人比较多疑，不太容易建立信任，那么你一定要找一个性格坚韧、抗压能力强、情商也非常高的人和他配合。而对于管理水平本身就很成熟的业务负责人，则要给他配一个基本功非常扎实的 BP，因为他对人力资源，甚至人力资源各模块的价值是有认知的，他只需要 BP 在他的框架内做执行。与这样的管理者一起工作，BP 一定得有扎实的专业基础，至少要精通一两个模块。

其实，大多数 BP 遇见的都是业务能力强而管理能力不强的业务负责人。这类业务负责人一般又可以分为两种：

第一种是业务能力强，但对如何做管理没什么经验。这类人往往能意识到自己在管理方面比较薄弱，因此反而会表现出强烈的管理欲望，对下属非常强势，很容易抓不住重点，越管越乱。这样的业务负责人需要一个管理意识很强，同时情商特别高的 BP。这样一来，在很多问题上，BP 就能够看破不说破，用柔和的方式解决问题，引导他提升管理能力，给他蓄能。

第二种是专业能力很强，但情商很低，对所谓的管理非常不屑，也不想做管理工作。这类人一般认为，所谓的管理理论都是在叽叽歪歪，他们喜欢在团队中树立个人权威，所有事情都得自己拍板，说话简单直接。这类业务负责人很容易在团队中引起恐慌，大家都怕他，但又都依赖他。与他搭档的 BP 要起到黏合剂的作用：一方面，BP 要让员工明白，自己的上级不是万能的，他也是人，不要什么事情都对他有过高的期待，都等着他来处理，而要自己有所担当；另一方面，BP 要拉着业务负责人不断向内看，让他意识到自己的言行会对团队产生什么影响。这类业务负责人一般很容易挑战他人，甚至可能会当众训斥 BP。这时 BP 不能"玻璃心"，甚至哭鼻子走人，而要有强大的内心和成熟的心态，懂得如何与对方化解矛盾，顺畅沟通。只要把话说开了，这样的负责人是很容易认错的。

在 BP 与业务负责人的搭配过程中，我不会让业务负责人来挑 BP，因为大部分业务负责人都会选择能服从于自己的 BP——BP 听话、把事办好，他就满足了。我会把自己认为合适的 BP 介绍给他，让他们先进行沟通，感受彼此的状态，然后再做决定。

其实，BP 和业务负责人的搭配再合适，也不会永远一帆风顺。在陪伴业务的过程中，BP 可能会遇到各种问题，比如团队业绩低迷、士气受挫、负责人被公司严重边缘化，等等。对此，BP 要养成 360 度看问题的习惯，找到问题背后的原因，陪伴业务负责人共同成长。

BP 岗位对 HR 的能力要求非常高。HR 要有专业的基本功，要对人、对业务有深刻的理解，还要有良好的伙伴心态。那么，什么样的人才能胜任 BP 岗位呢？在招聘 BP 时，人力资源部门又会重点关注哪些方面的能力呢？

BP 要具备哪些能力

▌门槛：成为 BP 需要具备哪些基础条件

· 盛莹

有些公司会让刚毕业的学生做 BP，因为他们认为这不需要什么经验，只要一个人情商高、悟性高，就可以胜任 BP 一职。说实话，在听说刚毕业的学生去做 BP 时，我是有些惊讶的。BP 的确需要很好的人际交往能力和沟通能力，也需要聪明勤奋，但如果在缺乏 HR 基本功的情况下直接做 BP，不仅会伤害业务，更有可能会毁了这个孩子——这是在拔苗助长。

我认为一名 HR 至少需要经过五年的历练才可以考虑是否转做 BP。在这五年中，他需要至少在两个专业模块上深耕和实践，形成自己的理解和方法论。比如，入行时做薪酬核算，之后延展到做绩效；或者入行时做招聘，之后延展到做员工关系。但即便是熟悉了一两个模块后，立刻转做 BP 也会有些吃力。他的状态可能还停留在原来模块化的工作方式上，以处理流程问题和响应需求为主，对业务还没有太多理解。这时，如果他面对的是一个成熟度比较高的业务负责人，就很容易把自己直接变成一个"助理"或"服务员",对方一提需求就马上去办,而不能洞察需求背后的问题。长此以往,他会认为这份工作就是这样的,业务负责人只需要自己做这么多,从而失去学习和钻研的兴致,甚至失去进阶的能力。

刚毕业的学生直接做BP,没有扎实的基本功打底,有时不仅无法给他人提供价值,反而会给自己挖坑。比如,你支持的业务负责人说今年要大量招人。为了显示自己能力强,生怕别人说自己不行,你就大量地去铺渠道、找简历、推面试。结果可能看起来很好,团队人数很快就涨上去了,但然后呢?这些人是不是业务真正需要的?招聘前你是否做过人才盘点和规划?人数的增加是否给业务效率或业务价值带来了增长?你是否分析过哪些人要招,哪些人不用招?这都是需要训练和实践才能做出的判断。如果第二年业务负责人发现人太多了,又要大量裁人,那时你又会面临什么局面?

BP是一个要去看全局的工作,他必须能看到需求背后的真问题。如果你的基本功不扎实,就很容易被工作牵着走,而不能自主做出判断。在我们这个行业,你会发现很多HR在做了一两年BP后就做不下去了,之后不停地换工作,其实原因就在这里——基本功不扎实,看不到全局,抓不住细节,做的事情也经不住时间的考验,容易遭到质疑,最终做了一段时间后只能离开。

所以，基本功是我招聘和任用 BP 时最看重的部分。但现实情况是，大多数应聘 BP 的人并不是按照理想路径成长的，也并非已经熟练掌握一两个模块的能力。如果没有这样的经历，又该怎么判断一个人是否可以成为称职的 BP 呢？

首先，来自互联网大厂，或者已经做了一段时间 BP 的人，就一定是合格的 BP 吗？

最近几年互联网公司发展过快，很多 HR 在基本功没有打扎实的情况下，工作一两年就直接转做 BP。平台的快速发展有时会掩盖个人成长的真实情况。所以，来自大厂的 BP 不要有理所应当的自豪感，而要思考在大厂工作的这几年，自己的真实能力是否得到了提升。

很多 BP 的应聘者都是从招聘工作开始做的，所以在面试时会谈到过去一年，自己在某大厂帮助团队招了多少人。其实，招聘数量并不是我真正关心的，我关心的是你的"招聘漏斗"情况，也就是说，你通过什么渠道完成的招聘？你在不同的项目中收集了多少线索，打了多少电话，一面、二面的转化率如何？你是否做过漏斗数据分析，分析完之后又是如何调整自己的工作的？在招聘一些高级别人才时，你遇到过什么困难和挑战，以及你是怎么持续跟进、"咬"住不放、坚持把他"啃"下来的？这些数据和细节才能真正说明你的工作能力和水平。

其次，来自中小企业，在入行前几年接触了人力、行政等各方面的工作，但没有机会专注于一两个模块的人，一定不能做BP吗？

在几十人或者一两百人的小公司，HR的工作内容非常繁杂，没有机会深钻一个模块。面对这样的候选人，我主要会看他的潜质，也就是学习能力强不强。比如，我会给他讲一件事，让他复述整件事的逻辑；或者介绍公司某一项业务，然后问他，如果他是BP，会先从哪几件事做起；或者问他平时会通过哪些途径去了解一个行业；又或者请他回忆一下自己做过的项目，他对这个项目的思考是什么，如果再做一次，会有哪些改进；等等。以小公司为职业起点的HR，要有意识地在处理繁杂事情的过程中补足基本功。

除此之外，我也会看一个人的性格。BP要充分与人沟通，外向型性格会更有优势，但外向并不等于大大咧咧、粗心大意，BP需要对人、对事比较敏感，能从别人注意不到的细节中有所洞察。外向也不仅仅意味着善于与人打交道，BP还应该是一个内心充满善意的人，也就是对人的发心是希望别人成功，希望别人好。外向更不意味着发散、任性，BP是一个管理者的角色，需要有比较好的自控能力，尤其是在每次沟通时都应清楚地知道什么该说，什么不该说，不能一聊起来就热火朝天，刹不住闸。所以，外向而细腻，充满善意且自控力强，是我认为 BP 应该具备的性格特点。

HR 的门槛虽然不高，但 BP 的门槛是相对比较高的。在成为 BP 前，你至少要有五年的模块经验，在基本功方面可以做到融会贯通。而如果刚入行没多久就去做 BP，你很可能会让自己陷入踏步不前的状态，从而失去职业信心。

能力：BP 为什么要能上得厅堂，下得厨房

· 佟磊

随着互联网公司的发展，以及 HR 三支柱架构的流行，越来越多的公司开始设置 BP 岗位。但我认为，很多人对 BP 的理解是模糊的，并不知道这是一个对个人能力要求很高的工作，要能上得厅堂，下得厨房。

什么是"上得厅堂"？就是指 BP 要有能力承担一些高阶工作。比如，团队的 OKR 对齐会，你既要能做会议主持，会议期间能进行引导和汇总，还要负责会议之后的落地工作。在这样的会议上，通常人力资源部门的负责人在，业务部门的负责人也在，因此非常考验 BP 的综合能力，比如：怎样才能收放自如？怎样才能高效达成会议目标？怎样才能按照逻

辑层次引导大家抓住本质问题？……为此，你在提高自己的组织力、领导力的同时，还要深入业务，在业务方面有一定的话语权。

BP还应该有一定的战略思维，尤其是公司主要业务线的BP，他可能要面对几百人，甚至上千人，他要对HR策略和相关制度的制定、执行有自己的思考。虽然在有些企业中，BP背后有COE的战略支持，但如果BP本身没想法，就无法与COE形成配合。

什么是"下得厨房"？就是指BP要对一些基础问题了如指掌。我记得前几年团队中有这样一名BP，他大学读的就是人力资源管理专业，面试时表示想直接做BP。当时BP团队的负责人看他各方面条件都很优秀，就想让他试一试。可没过多久，我们就发现，由于没有经历过基础岗位的训练，他的处境逐渐变得非常尴尬。有一次，业务负责人问他，如果辞退一名员工，社会平均工资、补偿金怎么算。他一听立刻就蒙了，这些基础的东西他碰都没碰过，于是只好跟人家说，你去问问薪酬的同事。还有一次，有一名员工问他社保的计算方法，他也答不上来。对BP来说，这是很尴尬的事，会瞬间降低他在业务团队中的印象。时间长了，业务团队会觉得这名BP什么都不懂。这些基础知识与员工个人利益高度相关，所以员工很在意。这就好比老百姓关心的不是今年这座城市盖了多少大楼，而是自己看病是不是方便，晚上街道的灯是不是都亮着。

你可能会觉得这些事本来就不是 BP 应该干的，员工应该直接去问 SSC。但你有没有想过，这些问题其实是 BP 拉近与业务人员距离的好机会。一名合格的 BP 会在全面回答完这些问题后，进一步跟业务人员说，这件事可以找谁办，大概需要哪些资料，流程是什么，需要几天。这样，你不仅充分展示了自己扎实的基本功，还增进了与业务人员之间的信任，对方会因此觉得你非常贴心，办事周到、靠谱。

只有把工作做得让业务人员觉得贴心，BP 才有机会做更多的事情。

当然，"下得厨房"还体现在一些基础工作能力上，比如调薪时的制表能力。每到调薪时，负责薪酬的 HR 会给 BP 一张通用表格。BP 要根据自己负责的团队的情况对这张表格做一定的加工和修改，并提出自己的建议，比如哪些人应该调薪，哪些人不应该调薪。你不能只是做一个二传手，把业务负责人的调薪方案直接转给薪酬人员，而要有自己的判断，将其体现在表格中，并进一步与业务线负责人做深入沟通。

"上得厅堂、下得厨房"对 BP 的能力提出了两个要求：一是你要有足够扎实的基本功，最好从基层一点点做起；二是你要有很强的学习能力，能主动学习并且不断精进。

入行前几年，作为 HR 新人，你可能整天埋头于具体的工作，与业务团队的沟通主要围绕一些基础的咨询问题展开，比如提取公积金需要提交哪些材料，怎么办理离职手续等。而作为一名 BP，你现在面对的问题可能是：业务负责人要大规模招人是否合情合理？业务团队长期业绩低迷，团队架构是否需要调整？……想要解决这些问题，都要以深入理解业务为基础。但是，怎样才能深入理解业务呢？多参加例会，或者把工位搬到业务团队中间就可以吗？

BP 如何与业务人员协作

▌基础：BP 如何深度了解业务

· 赵宏炯

虽然很多公司的人力资源部门都设立了 BP 岗，但真正合格的 BP 其实非常少。大多数 BP 只是和业务开个例会，筛选下简历，在评绩效或者晋升时做些规定动作，并没有深入了解业务团队的内部现状，更起不到什么支持作用。为什么会出现这种情况？原因可能是，大部分 BP 没有真正去了解、观察业务，没有躬身入局。

但 BP 应该怎么去了解业务呢？刚入行时，我在一个电视节目制作公司工作。为了了解业务，公司生产的每一期节目我都会看，也会找一些行业媒体的文章或者报告来读，会看一名编导如何拍摄、剪辑。后来我去了网宿科技，除了日常工作，我还会和业务负责人做深度访谈，阅读关于竞品的文章，参加每一次面试，等等。这些做法其实很普通，只要 HR 勤奋，都会这么做的。

在不断的学习中，我知道了一个词——商业敏锐度，也就是 HR 了解一个组织的愿景、目标、价值创造的深度，并创建对组织有帮助的流程、制度，以及推动其发展的能力。

商业敏锐度是 HR 真正的核心能力，它反映的是 HR 对业务的理解能力。那么，怎样提升自己的商业敏锐度呢？有一个工具非常好用——价值链 [1]。

价值链是一家公司或者一条业务线交付给客户的产品或服务的逻辑链条。每接触一条新的业务线，HR 最好都自己画一遍它的价值链。通常价值链上的第一序列是直接面向客户的业务和管理中台，第二序列就是支撑型职能，比如 HR、财务、法务等职能。

图 3-1 是一张公司各部门的业务流程关系图。要想画出价值链图谱，还要在此基础上识别哪些是需要公司重点投入的资源，哪些职能可以外包。画完之后，你可以去跟业务部门核实，问问自己画得对不对，有哪些是需要修改和补充的。这样去了解业务时，你就是带着功课去的，而不是眉毛胡子一把抓，漫无目的地提问题。修改补充后的价值链图谱，可以帮助你快速提取这条业务线的关键信息和底层逻辑。

---

1. 这一概念是美国学者迈克尔·波特于 1985 年提出的。企业创造价值的过程可以分解为一系列互不相同，但又相互关联的经济活动，其总和即构成企业的"价值链"，其中又可分为基本增值活动和辅助增值活动。

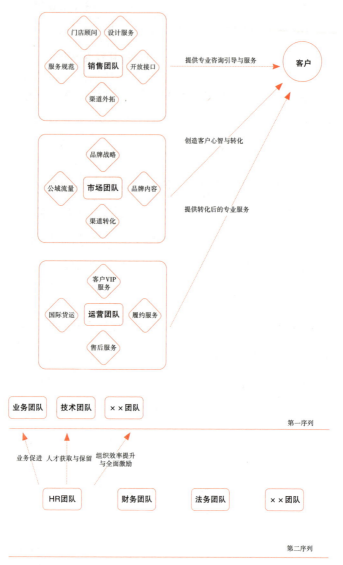

图 3-1　业务流程关系图

价值链是 BP 理解业务的有效抓手，不过这只是第一步。接下来，你还要了解：这项业务的竞争对手有谁？行业壁垒是什么？业务在供应商那里的话语权怎么样？……掌握这些信息后，你就知道了这个团队的长板和短板分别是什么，进而可以明确自己的工作方向。

以上两个动作都有助于你提高自己的商业敏锐度。除此之外，BP 在了解业务时还有一些比较通用的小技巧，比如把招聘的薪酬开得高一点，面试一些行业中的牛人，在与他们的沟通中，你可以了解这个行业的一些底层逻辑，因为一般情况下，能力越强的人对行业底层逻辑的思考就越多。你还可以脸皮厚一些，只要是业务团队的会议都去参加，而不只是参加其例会和 OKR 对齐会。这些零敲碎打的业务会议往往会有一些争论发生，能比较真实地反映当前的业务状况。

在了解业务的同时，你还要清楚地知道公司当前是在创业期、发展期还是成熟期；当前的主要任务是活下来，还是扩张市场，或者是开发新的业务线。这决定了你工作的方向。

在做完所有这些动作后，你要耐心地与团队一同成长。其实，这套理解业务的方法同样也适用于刚刚进入一家公司的 HR 高管，但它只能帮 HR 了解公司的业务。要想真正洞察公司最底层的文化是什么，我认为至少需要三年时间。

成为一名 BP 后，了解业务是 HR 首先要做的功课。与此同时，能否与业务负责人顺畅沟通，形成良好的协作关系，也会是你面临的另一个核心问题。

很多 BP 虽然对公司业务的特点和流程比较了解，但与业务负责人之间的关系却始终不冷不热、不远不近，表面上彼此都很客气，但团队内部的一些核心问题，业务负责人根本不会和 BP 说。这样一来，BP 就无法真正了解团队，比如，业务人员为什么会士气低迷，业务流程卡在了哪里，等等。时间久了，BP 工作起来就会失去方向感。

那么，BP 如何才能与业务团队顺畅沟通呢？

▌核心：信任是 BP 与业务团队协作的基础

· 张韫仪

有一种普遍的看法认为，在很多公司，BP 只是摆设，没有起到业务伙伴的作用，更谈不上成为业务负责人的左膀右臂。这其中的原因可能是 BP 对业务不够了解，缺乏专业基本功；或者是公司对 BP 的支持力度不够，没有像阿里巴巴那样给予 BP 足够的话语权；等等。但在我看来，BP 工作没有做到位，最核心的原因是他没有与业务负责人建立起信任。

举个例子。公司要搭建完整的人才梯队，要求每个团队都要设立第二责任人。如果 BP 和自己支持的业务负责人之间不能互相信任，就没法落实这项工作。这个负责人可能会想：你什么意思？找一个"二责"，是想设局把我挤走吗？而如果他们之间互相信任，BP 就很容易说服业务负责人，让他意识到成熟的管理者都要有自己的接班人计划，这是对团队负责。

当 BP 没有和业务负责人建立起信任时，BP 的所有工作都难以推进。他们之间的关系非常脆弱，只要有一点风吹草动就会瞬间崩塌。

那么，BP 要如何与业务负责人建立信任呢？参加各种会议、跟着跑业务、把工位搬到负责人旁边，就可以了吗？事实上，这些动作是远远不够的。

BP 难以与业务负责人建立信任的原因有很多。一方面，大部分业务负责人从来没体会过一名好 BP 带给自己的"甜头"，他们不知道 BP 也可以帮自己解决问题、分担压力，只知道 BP 是来落实公司制度的，甚至是老板的眼线。另一方面，BP 也不知道怎么去和业务负责人建立信任，甚至有时工作做得越多，对方反而越不信任自己，认为自己插手太多。

那么, BP 要如何主动建立与业务负责人之间的信任呢?

首先, 业务负责人是否相信 BP 能帮到自己, 对自己有价值, 需要 BP 主动提供"成功体验"。业务负责人通常只知道 BP 可以筛选简历, 可以做一些和绩效、晋升有关的事务性工作, 但并不知道 BP 还能干些什么。这时 BP 就要主动呈现自己对人、对事的洞察能力, 以及解决问题的能力, 找到业务负责人当下的痛点。比如, 针对某个下属难以管理的问题, BP 可以主动帮助业务负责人梳理原因, 看看到底是汇报关系中责权不统一、业务流程有卡点, 还是岗位人才画像不够准确导致人岗不匹配。BP 可以和业务负责人一起研究解决方案, 切实解决他在团队管理中遇到的难题, 让他重新思考 BP 的价值。

阿里巴巴或者其他大厂的业务人员出来创业时, 往往会第一时间拉上自己之前合作的 BP 或者是一名高级别的 HR 作为事业伙伴。而在创业公司内部, 他们也会主动搭建 BP 架构, 原因就是他们在大厂工作时受益过, 知道 BP 可以成为自己的左膀右臂。

其次, BP 不仅要让业务负责人知道自己有能力帮助他, 还要进一步让业务负责人信任自己的为人, 让他相信自己是真诚的, 不会在背后搞什么小动作。其实这一点才是 BP 与业务负责人建立信任最关键的部分。

举个例子。我曾为公司的某个部门配备了一名资深的BP。上班第一天我就跟她说，你支持的这个业务负责人每天下班都很晚，我好几次看到他深夜还在公司喝咖啡，而且他端咖啡的手都是颤抖的。你刚入职，我透露给你这个信息，你是不是应该做点什么？大多数BP不关心这些事情，一方面是觉得这些事情不重要，另一方面也是不想"讨好"谁。但这个BP非常聪明，她知道信任有多重要，更知道善意并不是讨好。入职的第二天，她就给这位业务负责人买了一个保温杯。

几个星期后的一天，我在很晚的时候路过这名业务负责人的工位，看到他正拿着这个保温杯喝水，手没有抖，很稳。我走过去问他："怎么不喝咖啡了？"他回答说："这杯子是××给我买的，她说我不能再这么喝咖啡了，对身体不好。"在他心目中，这个新来的BP对自己是充满善意的。

根据我的要求，BP应该定期在非正式工作场合与业务负责人沟通，比如一起吃个便饭、聊聊家常，增进彼此的了解。可这名BP不仅和业务负责人有非正式工作场合的沟通，还和负责人所有的直属下级一对一地聊过，并与他们建立了非常融洽的关系。因为破冰很快，她想了解业务也好，观察团队氛围也好，就少了很多阻碍，而她给出的一些建议，大家也能开放性地讨论和接受。这样，她了解的东西越来越深，给到的建议也越来越能切中要害。在后续人才盘点时,她虽然是新人,但思路清晰,效率很高。

其实,把工位搬到业务部门去、参加例会、跟着业务团队工作等,几乎是每一名 BP 都会做的,但这些都只是表面工作。一名 BP 除了了解业务本身,更多的是要去了解人。比如,一名 BP 上午刚旁听完一场业务会议,知道了很多业务现状和团队成员的观点,那么午休时最好也别闲着,而是和业务负责人的隔级下属或者更加基层的员工一起去食堂,或者下楼散散步,听一些不同维度的声音,比如:他们怎么看业务负责人?他们怎么看待某某员工?大家对公司最近讨论比较多的问题有什么看法?……这些信息会帮助 BP 多维度地观察团队,看到哪些是显性问题,哪些是隐性问题。不过,他们为什么要和一名 BP 一起吃饭,又凭什么和你说那么多?谈到一件事时,他们是跟你说三分、说七分,还是全盘托出?这些都取决于你和他们之间的信任。

建立信任是 BP 工作的根本,尤其是新接手一个团队,或者新加入一家公司时,BP 更要在非正式工作场合下足功夫。这是四两拨千斤的事,你在这方面做到位了,之后的工作才能更顺畅。

在非正式工作场合下足功夫,是 BP 与业务团队建立信任的关键,但有时业务负责人可能对 BP 的努力并不在乎。

遇到这种情况，BP 又该怎么办呢？盛莹老师分享了她刚做
BP 时的一段经历。

▍方法：提供价值是建立信任的基石

· 盛莹

BP 和业务负责人关系好仅仅是一个基础，这能让 BP 在推进一些事情时更为顺畅。但在职场上，大家在看重关系的同时，更看重价值感，也就是你能为我或者我的团队带来多少价值。

在 BP 刚开始支持一个团队时，价值感会是帮你打开局面的有效法宝。

前面说过，在进入百度做 BP 之前，我做了很长时间的人力资源咨询工作，所以刚进入百度时，我的心态还是顾问式的。当时我支持的是百度最年轻的经理，他负责的业务很受公司重视，所以我总是习惯性地以专业为先，甚至指点江山。

在熟悉了一段时间，和这位经理一起开过几次会后，我想单独找他聊聊，问一些有关团队业务流程和人才状况的问题。他每次都友好地答应，但又都委婉地不出现，以各种理由"放鸽子"。甚至有一次，我坐在会议室等他，他都来了，但又迅速从我面前"飘"过，并说"抱歉，咱们的时间和我另一个会撞了，我一会儿找你"。他后来并没有找我。我一直搞不清是因为什么，或者我做错了什么。

怎样才能让他搭理我呢？我支持的业务是文库类产品，也就是文档的在线分享平台。当时，我们在市场上有一些竞品公司，而且每家公司的业务特点、技术解决方案等相关信息非常多。做咨询的人最擅长的事情之一就是搜集资料，然后进行结构化整理，洞察问题并给出观点。于是，我一方面通过网络搜索竞品公司的年报等信息，另一方面通过朋友去了解这些公司是如何运转的。而在公司内部，虽然我支持的经理不愿意跟我聊，但我通过与他下一层级的人员沟通，了解到了部门现在的业务进展，以及遇到的困难和挑战。在广泛收集完内外部资料之后，我整理出了一份非常详尽的诊断报告，并加上了自己的洞察和分析，包括当下业务的商业逻辑，我们与竞品公司相比的优势和发展可能性，接下来的组织架构应该如何搭建，面对未来的能力建设我们还有哪些不足，以及未来一年的人力规划，等等。我发了一封很长的邮件给他，虽然我并不知道他是否会回复我。

当天晚上，他居然回信了，只有一句话："你说的都不对，但我想跟你聊聊。"

在公司的咖啡厅，我终于能和他一起坐下来聊聊了。我问他："我是来支持和帮你解决问题的，但你怎么老躲着我？"他说："我来公司挺长时间了，在你之前先后有七八个 BP 支持过我，每个 BP 都会问我一遍业务发展情况和组织架构，准备怎么排兵布阵，觉得谁好、谁不好，有什么需要支持的。问题都差不多，但之后也没看到他们做什么，而且他们问的这些我都想得很明白，所以我并不期待新来的 BP 能给我带来什么价值。"原来，他之前不想见我，是认定我不可能对他有帮助，而那封邮件让他看到了我为支持业务付出的努力和心血，让他意识到我是愿意且能够和他站在一起的。

接下来的三年，我陪伴他和他的团队打赢了一场场胜仗，组建了一支非常有战斗力和凝聚力的队伍。

BP 在与业务负责人建立信任时，首先得让对方看到你的初心是想帮他，然后你才有机会展现自己的能力，让他相信你真的可以帮他。这就像夫妻过日子，初心是起点，相互搀扶往前走是我们给彼此的价值，而细水长流过日子是我们的归宿。

与业务负责人建立信任，让对方看到你的初心，只是 BP 工作的开始。接下来，你要真正让自己融入业务，了解其中的门道和痛点，并且主动工作。其实，一名 BP 是否称得上优秀，很大程度上取决于他能否主动发现问题、解决问题。

同频:"自燃"的 BP 更受欢迎

· 肖焱

BP 的天然职责是帮助业务团队成长和成功,这就要求他做到懂业务、能补位、给反馈。为了达到这样的要求,BP 要与业务负责人时刻保持同频。所谓同频,就是业务负责人想要什么,在什么问题上着急,BP 不仅要非常清楚,还能及时解决问题。

但很多时候,业务负责人做不到什么事都掰开揉碎地跟 BP 讲透。在遇到一些困难时,业务负责人可能根本想不起来去找 BP 解决。这时 BP 该如何与业务负责人同频呢?

比如,每个季度末和年底都是业绩冲刺阶段。这时,业务部门最怕的就是自己在前面打仗,后方一直拖后腿,比如资源不到位、人手不够、流程审批冗长等。而 BP 不需要业务负责人的任何提醒,就应该自发地复盘当下的业绩成果和绩效考核要点,主动帮助业务负责人协调资源、整合人才。

举个例子。年底,某个研发团队正在赶工期,必须要集中开发做交付,研发人员加班加点,进度吃紧,那么在了解到这些情况后,你就可以想办法从其他业务线的研发团队中借调人手过来,填补空缺。虽然业务负责人并没有要求你做这件事,但你是在业务节奏和目标上与他保持了同频,并用主动协调资源的方法响应了他的需求。

再讲一个我亲身经历过的事情。曾经公司有一名核心员工不幸罹患癌症，在治疗阶段，他的劳动合同正好到期了。这时，公司要不要与他续签合同呢？如果续签，对公司来说肯定是损失；而如果不续签，对员工本人来说就是一场灾难，因为社保断了，公司给员工的商业医疗保险也断了，后续的治疗成本就会很高。不仅如此，这件事在员工中间也会造成特别不好的影响，大家会想，公司太不人性化了，万一哪天我生病了，公司也会抛下我不管，有机会还是尽快离开吧。经过慎重考虑，我们最后还是决定和这名员工续签合同。

当天，我们带着鲜花来到病房，与这名员工续签了合同。整个过程十分暖心，他感动得热泪盈眶。

其实，这件事我自始至终都没有考虑业务负责人的态度，因为他要做的事情太多了。但我深谙公司的企业文化，知道自己的工作方向应该是让团队更加温暖，更加有凝聚力，既然方向是清晰的，那我自己去做就好了。

理解管理的方向，为业务负责人及时分担压力、及时补位，其实也是在与业务负责人保持同频。这样的补位，一定会反映在管理效果中。

但有些时候，BP 就不能自作主张、独立应对，而要和业务负责人充分商量。比如我曾经遇到过这么一件事，在我负责的业务单元中，其中一名业务负责人 M 刚刚被提拔上来，他业务能力很强，但管理能力比较弱，导致整个团队的人集体投诉他。这样棘手的问题是比较少见的，作为这个业务单元的 BP，我第一时间向业务单元的负责人 S 做了汇报。因为我知道，这么严重的问题会对整个业务单元带来非常大的影响，而作为业务单元的第一责任人，S 对自己提拔上来的人应该有一个全盘的思考。如果我不告诉他，自己冲到投诉员工中间去解决，不仅不能解决矛盾，还会让 M 的处境越来越糟，S 也会对我产生非常大的意见。后来，我们给了 M 三个月期限，告诉他如果情况依然如故，他就要走人。三个月后，S 经过综合考虑，还是让 M 留任了。为此，我单独给 M 配了一个比较强的 BP，解决他的管理补位问题。

知道事情的轻重缓急和业务负责人排兵布阵的用心，是 BP 负责人与业务负责人保持同频的关键。与业务同频，意味着你不仅要完成绩效、调薪、招聘等 BP 的规定任务，还要紧紧盯住团队里发生的一切，善于观察和思考，主动发现管理漏洞，为团队提供解决方案。也就是说，你要成为一个"自燃"的人，不需要光和热，也能够"自我燃烧"，主动工作。

与业务负责人保持同频，是不是就意味着凡事都要顺应他的心思，按照他的意愿办事呢？当然不是。BP 在具体工作中经常会遇到这样的难题，比如，在给业务部门招人时，虽然负责人提供了招聘需求，但真正进入招聘环节时，他还是总说这几个人不是我想要的，不符合我们的方向。这时，BP会觉得很困惑，我明明是按照需求筛选的简历，怎么业务负责人老是说我招的人不对呢？再比如，面试很顺利，候选人快速入职，但没干多久，甚至入职几天后就离开了。对此，BP也会十分困惑，这个人明明符合需求，薪资条件当时都谈妥了，为什么这么快就走了？面对这样的问题，我们来看看张韫仪老师的建议。

▌洞察：避免做无用功

· 张韫仪

对BP来说，最头疼的事情之一就是辛辛苦苦招来的人，入职没多久就离职了。比如，一个部门经理想招一个副手，他向BP提出需求，这个副手的候选人必须来自大厂，有一定的项目经验和管理经验。BP拿到需求后马上开始招人。她从近百名候选人中筛选简历，面试了｜几个人后，终于找到了一个各方面条件都符合预期的人。新人顺利入职，但没想到，不到半年，新人就发现这个部门经理总是看自己不顺眼，根本容不下自己，更别说让自己担任副手了。面对如此局面，这个人决定离开。这时 BP 往往会很困惑，感觉自己忙活半天，都是在做无用功。

那么，既然业务负责人提出的要求很具体，这个候选人的条件都吻合，薪资水平也不错，为什么新人还是会很快离开呢？我们通常会简单地认为，这是因为 BP 或者业务负责人"看人不准"，但在我看来，这是一个全链条问题，包括管理需求、人才画像、面试和人才落地计划四个环节。

首先，BP 要搞明白这次招聘是基于怎样的管理需求，也就是业务负责人为什么要招这个人。你可以用"三连问"的方式直接问业务负责人：为什么要招这个人？为什么要在这个时候招这个人？这个人如果缺失，会给业务带来哪些风险？这些开放性问题可以帮你看到这个招聘需求背后的真实原因，进而判断团队需求与业务负责人提出的岗位人才模型是否吻合。

在前面那个例子中，BP 收到业务负责人的招聘需求后马上就开始招人了，但如果是我，我会先去问负责人：为什么要招这样一个人？他可能会说，整个团队的能力升级不够，他们都达不到我的要求，所以需要有个能力更强的人进来。然后我会问：为什么现在需要这个人？是最近团队出现了什么问题吗？我会不断挖掘他想要副手的真实原因，问来问去，最后我可能会发现，最大的问题是手下这些人不服他，无法与他形成合力。在这种情况下，招一个人进来其实解决不了问题。所以，我的工作不是马上招人，而是去帮他补足管理能力，我可以给他找一些管理学的课程，可以作为 BP 和他形成管理上的补位关系，做一些他不想做或者不愿意做的事情，等时机成熟，再从现有人员中提拔一个愿意配合的人作为他的副手。

如果不去挖掘招聘背后的原因，BP 就很难找到业务团队真实的问题。但如果经过了解，业务团队确实有招聘新人的必要，那么 BP 就要根据团队的需求和特点，搞清楚这次招聘的人才画像是什么。

业务负责人往往对人才怀有不切实际的期待。比如，一家刚刚成立不久的公司，其中一个业务负责人希望候选人毕业于"985"院校，有大厂工作经验，业务能力强，有一定的管理经验，同时薪资还不能太高，等等。显然，这样的人才画像太完美了，候选人难以全部满足。这时，BP 就要和业务负责人一起对人才画像进行校准。

你可以把一些竞争对手的人才情况分享给业务负责人，以此来对标，让他知道同行业的人才状况普遍是怎样的，比如毕业院校、薪酬水平等，你还可以拿一些行业数据给他看。

其次，你可以和业务负责人沟通人才画像中若干能力的

主次关系。比如，最重要的能力应该是什么，次重要的能力是什么？哪些能力是不可或缺的，哪些是可以妥协的？你们可以给这些能力排序。这样一方面可以帮业务负责人理清思路，另一方面也可以为你的招聘工作指明方向。

挖掘招聘背后的真实原因，借用外部视角，并用对标的方式校准人才画像，分清人才能力的主次关系，其实都是在瞄准目标。搞清楚了目标在哪儿，该穿跑鞋还是皮鞋，准备活动有哪些，再开始跑就相对容易了。

再次，有了准确的人才画像，接下来，你就要动用合适的渠道寻找候选人，进行面试了。

可能你认为，新人入职后，招聘工作就算结束了。其实不是，**招聘工作的最后一环是人才落地——BP 要和业务负责人一起，制定详细的新人落地计划**。比如，是不是要开欢迎会？欢迎会有哪些流程？新人第一周要做哪些事情？第二周要参加什么？第一个月要完成什么？半年后要能承担什么？要不要给新人安排师父？师父要定期与他进行哪些沟通？他需要给到师父哪些反馈？……你要有一个详细的新人落地流程，让新人在有序的流程中逐步适应环境。同时，你还可以和业务负责人一起做一个新人学习知识库，把新人需要了解的部门工作方法、项目情况等文档都放进去，让他可以自主学习。新人最怕的就是入职后找不到方向，没有人带领，而有序的环境会让他感觉充实，有安全感。

招聘工作经常会给 BP 带来很多困扰，尤其是当新人没干几天就选择离职的时候，BP 往往会十分沮丧。但实际上，如果 BP 能把以上四个环节做充分，就能大大降低新人离职的概率，避免做无用功。

很多人认为 BP 工作的核心是搞好和业务负责人的关系，但只搞好关系并不能帮 BP 在工作中赢得尊重。BP 如果完全按照业务负责人的意图办事，就会陷入被动，甚至无法达成工作目标。事实上，BP 必须有自己作为 HR 的专业立场，时刻提醒自己在公司的价值定位，以及要发挥的作用。

┃战友：面对分歧共进退

· 张韫仪

很多 BP 知道自己的职业定位是业务部门的事业伙伴和战友，要和业务部门一起达成目标，但在遇到一些具体问题时，这个立场却极易动摇。

当与业务负责人发生分歧，但又无法说服对方时，BP 经常采用发邮件"预警"的方式来结束这一轮沟通。潜台词是，你看，我预判这件事有风险，已经尽到了自己的责任，你不听我的，日后出了问题不要怪我。在我看来，这不是一名 BP 应有的态度，他没有把自己和业务负责人看作战友——一个命运共同体。他应该认识到，不管遇到什么情况，自己都有责任站在业务负责人身边，帮助他朝着正确的方向发展。

举个例子。在采购部招聘一个关键岗位的人员时，采购部的负责人认为可以录用某个候选人，但我通过背景调查和对方提供的工资证明发现，这个人可能存在职业道德风险。他每个月的往来账目里总有一笔来自固定账户的大额定时款项，而他解释不清楚这笔钱的由来。一般情况下，发现候选人有类似问题，我们是肯定不会录用的。但采购部负责人却认为，眼下正是新产品抢占市场的关键时期，这名候选人的资源十分关键，可以帮助公司采购到一些重要原材料，这事关公司的整体业绩，而那些大额款项是他过去的事情，不用太在意。虽然我把可能带来的风险全都跟他说清楚了，但他依然坚持。这时，作为 BP 的我要怎么办呢？发一封预警邮件了事吗？

作为 BP，我应该给业务负责人一个完整的人才落地方案，想办法通过各种监督手段预防这名候选人出现新的职业道德风险。比如，对这名候选人的入职培训要额外增加哪些内容，试用期绩效跟踪如何进行，资源导出要用什么方法，他多长时间后要做一次述职或分享等，我都要有完整的考虑。其中比较关键的是资源导出。负责人坚持录用这名候选人，不就是看重他的人脉和资源吗？那么在候选人入职一段时间后，我们要对他有所判断——他的资源中有哪些是可以交给公司的，哪些是别人无法拿到，只能跟着他走的。针对可以交给公司的那部分资源，我们要迅速运用导师制度，也就是让他带徒弟的方式把资源导出来。这样，如果他出现职业道德风险，公司就可以立即有所决策。我要帮业务负责人理清用人思路，帮他做好风险预防和兜底工作。我会对他说，等这名候选人入职后，我会把自己工作的重点放在他身上。

再比如，一个业务单元要招聘销售部负责人，业务单元老大希望录用有过几次创业经历的A。经过面试，我也认为这个人还不错，但稳定性不够，可能很快就会离开。作为这个业务单元的BP，我把这个风险点和业务单元总负责人做了充分沟通，但对方依然认为，A的各方面都符合自己的预期，愿意冒险尝试。这时，我就可以跟他讲，如果确实要用这个人，没问题，但我要给A配一个特别强的BP，陪伴A融入企业文化，在企业价值观层面给他更多影响。与此同时，我会在A入职伊始就讲清楚，所有部门负责人都有一个任务，就是完成接班人计划，不但要找出自己团队的第二责任人，还要培养他。我会跟A明确，培养第二责任人也是他绩效指标的一部分。

BP 和业务负责人是伙伴,是背靠背的战友。什么是战友? 不是我认为前面有坑,你不听我的,那你去吧,掉坑里别怪我。战友是当对方做出一个选择时,虽然我想阻止你,但如果你坚持,我也会跟着你坚持,帮你做好预案,扫除前方的地雷,联系后方援军,不仅要保证你的安全,还要与你共同抵达彼岸。

态度:BP 如何赢得业务部门的尊重

· 赵宏炯

作为业务团队的事业伙伴,BP 也怀揣使命感,一心想成就组织、成就他人,但有时候,业务团队并不认可这个定位。

据我了解,业务负责人对 BP 的态度可以分为三类:第一类人是中立的,他可能对 BP 没有什么期待,但如果 BP 做得很好,他就会越来越重视这个伙伴,并且和他紧密合作;第二类人非常清楚 BP 的重要性,也非常好合作;第三类人认为自己根本不需要 BP,把 BP 看作"奶妈",觉得 BP 能把一些琐碎的事情做完就好。无论你支持的业务负责人是哪一种,你都要从每一件具体的事情着手,逐渐在业务部门赢得话语权和尊重。

首先，你要提升自己在业务人员心目中的专业形象，这是获得话语权的基础。

比如，为业务部门招人，如果你每次面试都只是问下大概情况，走个过场，之后不发表任何意见就把简历转交给业务负责人，然后安排好面试，让他自己来做决定，那你在他心目中肯定没有多少价值。而如果每次面试前，你都去找业务负责人聊一下你对这个人的评价，甚至提供一份清晰的分析报告，提醒对方可以重点考查这个人的哪些能力；等面试结束后，你还会进一步找他了解情况；在这样的互动中，如果你都能说到点上，并且发现一些他没注意到的问题，那么你的价值就会凸显出来。等下一次面试时，他可能就会主动来问你的意见。事实上，这样的面试沟通，是 BP 提升自己话语权最简单的动作，一定要做。

再比如，公司的 COE 要做一项培训计划的调研，需要你配合进行团队骨干人员的访谈。表面上看，这是一项纯粹的执行工作，但你仍然可以把它变成增加你话语权的机会。在访谈过程中，如果不是仅仅按照问卷去提问，而是顺着某一个话题深挖业务的深层问题，不断把话题拓展、延伸开，从而帮助这名骨干发现了团队成员关键能力中需要补足的地方，使培训需求更加丰满，那么，这个过程就能让这位骨干，也能让 COE 看到你对业务的理解和洞察，从而在日后更加重视你的意见。

其实，工作中遇到的每一件事、每一个场景都可以成为你提升话语权的契机。不过这要求你有扎实的基本功，能做到事前充分准备，事中积极组织和引导，事后主动表达。

其次，你要注意树立边界感，告诉业务人员，在彼此的协作中哪些行为是不可以有的。

比如，按照计划，这个月我要招四名销售经理，为此我要大量筛选简历、安排面试，这是个体力活，挺辛苦的。而业务部门往往认为 BP 做这些事情天经地义，甚至会觉得怎么招四个人要安排那么多面试。所以，在开始招聘前，我会和销售部的负责人充分沟通：约这些人是很辛苦的，如果你下面的店长或者区域经理对面试不重视，放候选人鸽子、迟到很长时间，或者面试不认真，那么我会放缓招聘的节奏。你的说话方式可以很柔和，但一定要表达清楚。

业务人员面试不认真通常有两种情况：一种是他很忙，和候选人聊了一两句就让对方回去了；另一种是他态度傲慢，言语间透露出很强的优越感。这两种行为不仅是对候选人的不尊重，也会给公司的品牌形象带来负面影响。

可能这位店长会有疑问：你凭什么认为我面试不认真？这个人一看就不行，我是店长，我说不合适就是不合适。但对不起，你要告诉我这个人哪里不合适，因为每个人我都仔细筛选过，如果连续好几个候选人你都说不清楚不适合的原因，就草草把人打发走，那么我就要找你领导了。

也许你认为这样树立边界感的方式有些强硬，但尊重都是自己争取来的，你要让业务人员意识到，自己工作是认真的，是应该被尊重的，这样别人才不会轻视你。

最后，针对不同的业务人员，你要有不同的沟通策略，甚至要有一定的自我保护意识。

对于业绩压力特别大的团队，比如销售团队，他们在一线"打仗"，每一点成绩都与收入直接挂钩，公司对他们的考核指标都是硬性的，完不成会面临比较严重的后果。所以面对压力，这样的团队特别容易"甩锅"给 BP。比如，我业绩不好，是你给我招的人不对；团队作战能力不行，是因为你没给我们安排足够多的培训……这样的坑我踩过很多。

为了提升团队业绩，同时也为了避免自己被"甩锅"，BP一定要把工作做在前面。比如，你要定期做人效数据分析，看看什么样的人能适应现在的市场变化；哪些人长期处于业绩排行的尾部，难以提升；要不要调整招聘策略；招聘条件需不需要做一些修正；等等。你要主动向业务负责人提出问题，探讨解决方案，明确人才画像。面试完，你必须结构化地完成面试评价。不然，到时候团队业绩不好，完不成任务，公司一定会把"板子"打在你身上。

再比如，你要为团队组织一次培训，前期需求调研结束后，你一定要与业务负责人确认培训需求，并将其落实为文件；开始培训时，你要让每一名员工签字，表明他是参加过这个课程的；培训结束之后，你也可以做一些回访，请员工谈一下感受和心得。这样，如果团队负责人有一天怪罪你说，这个制度我们不知道，这个产品的相关知识公司没有培训过，甚至说没完成今年的任务是因为 BP 没有安排合理的培训，那么你手上的这些签字和回访就能让他没办法"甩锅"。

所以，在支持业绩压力比较大的团队时，BP 一定要凡事想在前头，业务在打仗，你也不能有丝毫松懈，要提前把隐患解决掉。

与销售部这样压力比较大的团队不同，技术部门的人很少会把责任"甩锅"给 BP，但因为专注于技术研发，他们的思维方式和表达方式都比较直接，所以你和他们说话时也不要绕弯，要非常直接、清晰地表达观点。你们会在碰撞中寻找解决问题的路径，只要一方有理有据，另一方就可以妥协。

除了销售和技术，公司中还有一类人，比如设计师、编导、律师、翻译等，他们工作的专业性很强，工作场景也相对独立。他们对 HR 一般没有什么认知,可能只有在办社保或者工资算错时才会主动来找 BP。对于这些人,BP 要用陪伴的心态,了解他们的需求,在每一件事中展现自己的专业度和洞察力,让他们慢慢知道,BP 也是一个专业岗位,可以在很多事情上帮到他们。否则,你不靠近他们,他们就永远不会对你有什么认知。

很多 BP 在工作中没有存在感,也找不到突破口,就矜持地站在边缘地带,不主动工作。但越是这样,业务人员就越轻视 BP,最后形成一个恶性循环。对此,BP 要主动发现需求,主动给到解决方案,通过展现自己的专业度赢得话语权和尊重。但尊重是相互的,BP 在做好支持的同时,也要向业务传递应有的边界感。

◎人力资源专家（COE）

在一些大型国企和老牌外企中，人力资源部门一般按照六模块的专业划分来搭建，每一个模块又都有一个专门团队来负责。HR 从一个模块的助理或者专员起步，一直可以做到这个模块的经理。而在 HR 三支柱架构中，助理或者专员的岗位集中在 SSC，各模块的高阶岗位则被划分到了 COE。

无论你所在公司的 HR 架构属于哪一种，在入行 5～8 年时，你也许都会面临一个选择，那就是去做 BP，还是继续在自己擅长的模块发展，做 COE 中这个领域的专家。

COE 是人力资源专家中心，COE 专家就像 HR 团队的大脑，要完成公司人力资源部门各项制度的设计和制定，而 SSC 和 BP 就如同 HR 团队的四肢，共同落实 COE 专家制定出来的制度，并将过程中出现的问题反馈给 COE 专家，COE 专家再将制度进行优化。

COE 专家不仅要有扎实的专业基本功和对专业前沿领域的认知，更重要的是，他们要能理解企业的经营思路，根据企业的实际需求进行工作。但近些年来，关于 COE 价值的讨论越来越多，很多 COE 专家因为不直接与业务团队对接，只能从 SSC 和 BP 那里获得反馈，因此，流程稍有不畅，就会造成脱离业务、制度难以落地的问题。

那么，COE 专家要如何贴近业务、把握企业的真实需求呢？下面来看看几位受访老师的建议。

人力资源专家的职责是什么

· 盛莹

COE 是人力资源专家中心，负责企业人力资源体系的框架设计，人力资源制度、流程、基础方法论等都来源于这个部门。

前面说过，COE 与 SSC、BP 共同构成了人力资源三大支柱。BP 作为 HR 与业务的接口，深入业务理解需求，同时传达公司的管理理念，落实公司的管理规则。BP 身后有两个犄角作为支撑：一个是 SSC，它协助 BP 解放双手，通过流程化和标准化的专业服务，提升人力资源事务性工作的效率；另一个就是 COE，COE 是人力资源部门的大脑，承接需求，给出专业的解决方案，它站在公司和组织的视角上，协助 BP 出谋划策，既能给 BP 赋能，又能通过政策和制度对 BP 有所约束，支撑整个公司组织能力的提升。所以，本质上，这三个角色在人力资源管理体系中是相互支撑、相辅相成的关系，谁也离不开谁。

COE 是人力资源部门内部的专家团队，它要为企业制定适用的人力资源制度、流程、规则和政策。同时，它要给 HR 团队其他角色赋能。比如，BP 虽然有至少 5 年以上的经验积累，但他们不是全模块专家，会有专业上的短板，所以 COE 团队要成为 BP 的有力支撑，协助 BP 满足团队的发展需求，给出专业的解决方案。此外，COE 团队还要负责推动各类公司级人力资源项目，比如人才盘点、专业晋升、绩效评估等。COE 团队设计完各类项目的机制后，BP 在业务侧进行落地，然后 COE 需要从项目落地的情况中获得反馈，并逐步迭代人力资源各类项目的体验和效果，推动公司整体人力资源体系的建设。

了解了 COE 的职责后，我们再来看看 COE 内部的岗位设置。

COE 划分为不同的工种，比如 TD（人才发展）、OD（组织发展）、OC（组织文化）、C&B（薪酬与福利）、PI（绩效与激励）、RC（招聘）、ER（员工关系）、HRIS（人力资源信息化），等等。

但是，并非每个企业都会设置这个部门或这类岗位。尤其是一些处于初创阶段、规模还比较小的公司，HR 只要把人力资源基础性的支持工作做好就可以了。但随着企业规模不断扩大、业务逐渐多元化，企业对组织建设、人才建设和人力资源体系建设的要求越来越高，就会开始设置 COE 部门或者 COE 岗位。

一个几百人规模的公司虽然有可能设置 COE 岗位，但可能就设置一两个，他们的主要任务是进行 HR 年度规划、设计和推动各类人力资源项目、建设基础人力资源体系等，分工也不会很细。而在很多规模较大的集团公司，COE 的分工不仅会比较全面，还会被分为集团 COE、事业群或事业部 COE。

COE 专家需要长期耕耘在某一模块，对其中的问题和方法有比较深入的研究，能够结合企业的经营现状给出适当的解决方案。因此，想要胜任 COE 的工作，不仅要有扎实的专业基础，还要具备至少 5 ～ 8 年的 HR 工作经验。

人力资源专家如何获得业务与 BP 的支持

· 盛莹

COE 专家的职责虽然是为企业人力资源发展制定宏观战略与政策，但这并不意味着他们可以远离业务。事实上，COE 专家如果不理解业务，不知道业务线的实际痛点，就无法取得理想的工作成果。COE 部门往往设置在集团总部或者业务单元总部，与业务部门缺少直接的日常沟通。正因如此，COE 专家与 BP 的沟通、合作就变得极为重要。

一般情况下，COE 专家要面对若干条业务线以及相应的 BP。如果每条业务线、每个 BP，COE 专家都要事无巨细地对接，他的工作效率就会比较低，产出也不见得好。同时，业务团队和 BP 是否需要 COE 专家，或者是否愿意与 COE 专家沟通也是一个问题，正如不是每个业务团队都能与 BP 完美地配合一样。所以在实际工作中，有些 COE 专家很苦恼，他非常想了解业务需求，想知道各项制度在实际落地过程中遇到的问题，但能得到的反馈和信息量却不尽如人意。他想与业务人员沟通,需要 BP 牵线或组织会议,但 BP 也许并不情愿去牵线;遇到阻力后,他很可能想绕过 BP 直接与业务团队沟通,但又担心这样做有些不妥,担心业务团队会抱怨为什么 HR 团队有那么多人要沟通。最后,业务团队可能还是会拉上 BP 三方一起开会,导致场面很尴尬。

种种情况会导致 COE 难以贴近业务,不能真切理解业务的痛点,继而无法制定出行之有效的制度和策略。面对这样的问题,有些公司压缩了总部 COE 的规模,优化了无法直接产出价值的 COE 团队,而有些公司在业务线里建立业务 COE,连接业务 BP 和总部 COE。可见,COE 难以贴近业务的现实情况已经直接影响到 COE 部门在企业中的存在。

那么,作为 COE 专家,要如何贴近业务,获得业务和 BP 的支持呢?我有两点建议。

首先,COE 专家在与 BP 沟通时,要找到适合的沟通场景。COE 专家会负责公司级人力资源项目的规划和落地组织,比如专业晋升、年度人才盘点、各类管理培训,等等。这些项目都可以成为你创造与 BP、业务团队沟通的场景。

比如,你正在组织一场公司骨干人员管理培训,管理培训结束后,你可以约大家再聊聊。在座的有 BP,有业务负责人,也有骨干员工,气氛搞得好一些,大家畅所欲言,你就能从中得到许多反馈。

再比如，你想找业务团队中几个大神级人物了解他们对一项人力资源制度的意见，你是通过 BP 去和他们约时间，还是直接冲到他们面前问问题呢？这两种方式都不好。你可以深入了解一下这几个重要人物的特点。比如，你可能发现他们都是公司的荣誉讲师，而最近刚好有一次针对内部讲师的荣誉授予仪式，借着这个场合，你就有机会和他们进行充分的沟通了。

又比如，你想找一个业务负责人了解当前的管理痛点，恰好公司正在进行人才盘点，借这个机会，你可以深入地和他聊聊管理方面的话题。

如果不能找到适合的工作场景，COE 专家直接约业务沟通，一方面，可能会带来很多疑问和误解，要花费很多时间打开沟通局面；另一方面，大家探讨的问题也不够有针对性，不够具体。

其次，COE 专家要带着价值去沟通，而不是永远想着从业务团队或者 BP 身上获取信息。业务团队日常忙于业绩产出和团队管理，同时，BP 和他们的沟通频率很高，业务负责人可能已经因此忙得四脚朝天了，这时又来一个 COE 专家想跟他聊聊：你们团队的组织架构跟我介绍一下，你们团队的人才能力模型是怎样的，你认为谁是高潜……试想，如果你是业务负责人，你会不会烦呢？我曾经听一个部门经理半开玩笑地对我说，你们 HR 部门的需求太多了，我每天是在给你们打工啊。这是业务人员真实的感受。你永远都是向他提问，向他索取，长此以往，他肯定不愿意理你。

那 COE 专家应该怎么沟通呢？你要带着价值来。既然是人力资源专家，你能否让业务人员或者 BP 在每一次和你沟通时都有所收获？比如你是一个绩效专家，想与业务和 BP 探讨销售团队绩效指标的设置问题。沟通之前，除了准备方案，你还可以搜集、整理竞品公司的相关指标、行业相关报告，过往绩效指标和业绩的相关分析等材料，并进一步汇总、提炼出一套自己的洞察和绩效逻辑，形成初步的想法。这样，你就可以跟 BP 说，我结合目前的行业状况，对我们的销售绩效指标有了一些初步的想法，并且做了分析，咱们能不能约销售负责人一起，看看这些指标对他管理和考核团队有没有帮助？你的这些资料和分析，BP 和业务负责人多半是非常感兴趣的——你展现出了自己的专业价值，为他们提供了极具价值的资料，帮他们拓宽了视野，他们当然愿意跟你交流。

其实，不光是 COE 和 BP，职场中的所有合作模式都是如此，做事和沟通都要有一个合适的场景。同时，你不要只向别人发问，而要带着想法和洞察，带着价值去与对方沟通，这样大家就会变成彼此产生价值的合作伙伴。

一个人生病了，反复头疼，如果他每次到医院都只是针对头部进行治疗，那么很有可能他永远也找不到头痛的真正原因，从而无法根治疾病。但如果他进行一次全面的体检，可能就会发现自己不是头部出了问题，而是眼睛或者其他器官的问题引起了头疼。组织发展专家就相当于组织中的体检医生。

组织发展专家的工作职责有哪些

▌职责：OD 的目标是提升组织能力

· 赵宏炯

OD，也就是组织发展，是一个"坑"很少，门槛很高的岗位，月薪至少五六万元，一般只有规模比较大的公司才会设置。

我认为能成为 OD 专家的大概有两种人：一种是有 5～8 年头部咨询公司工作经历的人，他们在人力资源方面的知识结构比较扎实，对商业本质的思考比较多，并且有一套完整的方法论去发现、论证问题并提出解决方案；另一种是人力资源经理或者资深 BP，他们有洞察、有思考，对专业工作模块有着比较全面的经验，同时他们基本功扎实，并且有意朝着咨询的方向发展，这时他们可能会转做 OD 专家。

这样一看，OD 专家的门槛确实不低。那么，这个岗位为什么会有这么高的要求呢？OD 专家最核心的职责是提升公司的组织能力，具体工作包括三个方面：

第一，进行组织诊断。当公司规模达到万人级别，老板一定会遇到管理问题，比如效率低下、能力增长不足等。这时就需要有专业人员对组织文化、组织架构及环境等因素进行综合分析与评估，比如评估问题出在哪里，需要如何改善，是否要做深层次的组织变革等，进而帮助老板做判断。

第二，当公司需要进行组织变革时，汇报关系和管控权都会面临调整，这时 OD 专家要有完整的变革方案和落地方案。比如，原来公司的汇报关系是层级式的，但现在要改成矩阵式或业务单元制，那么部门之间怎么划分，哪个部门要归到哪个业务单元，这牵扯到很多对业务的思考。同时，组织变革意味着对权力的重新划分，会涉及很多人的利益，阻力一定很大，所以 OD 专家要想好如何落地。他可能会把比较好搞的人分为一类，难搞的分为一类，旁观者分一类，同时想清楚在什么时间点、怎么去推进才是有效的，这里面有一整套方法论。

第三，为了提升组织能力，OD 专家还要帮助人力资源部门一号位选择管理工具，比如，是用 KPI（关键绩效指标）还是 OKR（目标和关键成果），又或者是两者都用？有的 OD 专家还负责企业文化。如果是这样，他还要考虑怎么通过企业文化建设提高人效，企业文化的定位和宣导模式是怎样的，办公环境应该怎样设计，要传达出怎样的价值观，等等。

在完成以上三项任务的同时，OD 专家还要关注每项工作是否达到了三个 E：

Effectiveness（效果）：你的工作是否能带来确切的结果，你做事的效能怎么样，这是最根本的；

Efficiency（效率）：你的工作不仅要有确切的结果，还要能够提升效率；

Experience（体验）：你的工作不仅要有结果、有效率，还要保证管理层和员工有良好的体验。

这三个 E 都做到了，还有一个更高要求的 E，就是 Explore（探索）。无论是市场风向的变化，还是一家公司的自然生长和衰退，公司都会面临第二曲线的问题，也就是如何探索新业务，开辟新战场。因此，你所在的组织能否承载这些能力要求的变化，能否做到及时掉头、转弯，也是 OD 专家在做组织能力提升时需要考虑的。

公司的组织就像一张网，OD 专家的工作就是思考这张网要怎么编织。有时这张网需要紧一紧，从而提升组织能力和效率；有时又需要松一松，通过校招、晋升或者其他方式激发一些新的东西，以提升组织活力，避免公司形成一些固化的模式。

在我看来，一名优秀的 OD 专家是十分难得的。他的逻辑性、结构感要强，同时知识积淀也必须深厚。知识沉淀又包括三方面的内容：第一，他在组织行为学、群体动力学方面的基础一定要过硬；第二，他要系统掌握激励的方法，这需要广泛涉猎各领域知识，包括薪酬、绩效、员工关系，以及办公环境设计等；第三，他的落地能力必须要强，比如会做引导，尤其是战略会、共创会上，他要能引导大家达成变革共识，这样方案才能落地。

OD专家的首要工作是进行组织诊断，针对人才队伍的建设、领导力、流程等方面进行量表设计，评估企业组织的健康状况，效率高低，以及其中的症结。之后，他要用这份量表进行调研和打分，并与外部行业和同类公司进行对比，进而给公司一个相对全面和系统的组织诊断报告。在这份诊断报告的基础上，他就可以进一步制定行动计划，或者进行组织变革了。

▌核心：责、权、利对等是组织变革的关键

· 盛莹

组织变革是OD专家的另一项重要工作，也是提升组织能力的关键步骤之一。当业务的内外部竞争环境发生变化，

或者组织效率出现问题时，企业就要考虑调整组织形态和组织模式，以崭新的姿态应对挑战。这就像在行军打仗的过程中，要根据战况变化随时调整阵型来应敌一样。

我在上一家公司任职时，支持的业务部门叫作教育产品中心。它的组织定位是公司的产品内核发动机，但这个部门只包含内容生产团队，而产品研发、技术实现、产品服务、课程营销等都是由其他部门来负责的。所以，这个教育产品中心其实不生产完整的产品。这就导致了一个让管理层非常头疼的问题：教育产品中心可以不对结果负责。当销售说"这个产品卖不动，没人买"时，教育产品中心会说"那是因为营销团队没有提炼出卖点"；当营销说"用户流失率高"时，它会说"那是因为教务人员没做好服务"……总之，教育产品中心永远拒绝对结果负责，永远有借口。于是，这个团队的各方面能力长期停滞不前，组织效率自然也比较低。

这就是组织架构设计不合理导致的问题。产品中心只有内容生产的职责，没有管理研发、技术和营销的权力，也无法获得产品销售后的整体利益。但当销售业绩不好时，公司却要求它对销售结果负责，它当然是拒绝的。产品中心的责、权、利不对等，组织不闭环，导致它无法面向特定用户提供解决方案，也无法对结果负责。

后来，我们通过分析和研究，把最小化可闭环的产品、技术、服务和运营岗位都放进了教育产品中心，同时设置了以项目为基础的激励方案，促使责、权、利达到对等平衡状态。这个产品中心的任务不再只是内容生产和内容上线，它要交付完整的产品，包括技术实现和服务运营。它的产品要直接进入销售流程，接受市场考验。这样一来，教育产品中心就要直接对结果负责，再也无法找借口、开脱责任了。

组织变革的终极目的是提升企业的组织能力。前面说过一个公式：企业成功 = 战略 × 组织能力。战略是需要 CEO 或者核心经营班子决策的事情；组织能力的建设则需要由 HR 团队与公司管理者共同完成，其中组织架构和组织机制的设计是组织能力提升中很重要的一环，而这需要 OD 专家来完成。

组织的核心是通过责、权、利对等的业务单元，在组织内部通过小单元的划分，使组织活力得以增强。我们常说一个组织要有统一的目标、合理的结构、科学的管理分权，这样才能提升能力。但这说起来容易，做起来并不简单。面对现实中会遇到的各种难题，OD 专家都要有应对的方法。

很多公司期待各个业务团队的一号位是全才，既懂产品、懂运营，又懂内容、懂销售。坦白说，这样的全才是可遇而不可求的。面对公司老板这样的期待，HR 要做的不是劝老板这类人不存在，也不是抓破脑袋满市场寻找这样的全能人才，而是通过盘点现有团队和搭班子的方式来解决这个问题。

比如前面说的教育产品中心，它最早的负责人是讲师出身，是内容专家，但他对互联网产品的理解是不够的。因此，产品设计和技术交付的职责一直放在中心外的其他部门，这就是我们常说的因人设岗。当组织架构调整为责、权、利对等的闭环结构后，他承担起管理整个在线教育产品的职责。但是，管理这么大一个团队对他来说非常吃力，他不知道如何指导产品生产的具体工作，一线的技术人员也无法准确理解他的需求。在这种情况下，我们帮他搭配了一位做 AI 交互教育产品的二号位。两个人的优势背景不一样，语言体系不一样，在磨合过程中势必会产生一些摩擦，但 HR 可以通过组织共创会、工作坊等方式促进二者的磨合，让他们认识到，自己和对方是一伙的，只有荣辱与共才能取得成绩。

在进行组织变革的过程中，组织架构的设计有很多方法和模型，从最早的层级式组织，到后来的矩阵式、事业部式组织，再到现在可以看到的很多先进的组织形态，比如阿米巴组织、敏捷组织、青色组织等，但我觉得，万变不离其宗的就是责、权、利要对等。

腾讯集团高级管理顾问杨国安教授认为，组织能力是由三部分组成的：第一，员工思维，也就是员工愿不愿意做，组织有没有通过合理的激励制度激发员工的荣誉感和战斗力；

第二，员工能力，也就是员工会不会做，组织是否建设了合理的筛选机制、胜任力模型，是否进行了人岗匹配和盘点、专业培养、人员淘汰等机制；第三，员工治理，也就是组织环境或组织机制允不允许做某些事，比如流程设计、规则设计、机制设计等，这与我们常说的 HR 的抓手是组织、人才、文化是一样的道理。

薪酬与福利专家设计薪酬系统时要考虑哪些因素

▌搭配：内在激励与外在激励

· 赵宏炯

在谈系统性激励机制之前，请你先想象这样一个场景。

有一天，你家的水管爆了，隔壁正好有一个邻居会修水管，你请他来帮忙修理。你不知道怎么答谢他，想了想可能给钱是最容易的，所以提出付给他 100 元钱。他本来没想要钱，所以一再拒绝，但你百般坚持，最后硬是把钱塞进了他的口袋。换位思考一下，如果下次你家的水管又坏了，再请他帮忙，他还会来吗？他可能就不来了，因为事情变质了。最好的感谢方法是你送他一个礼物，比如一瓶红酒，或者干脆和他坐下来喝一杯聊聊天，这样，你们的感情就增进了，日后相互帮助的机会可能也会更多。在你来我往中，如果下次你家的水管又需要修理，他就会毫不犹豫地帮你。

人与人之间的情感联结其实是一种内在激励，也是激励机制的一部分。

也许你认为企业对员工的激励和邻里之间不同，公司只要把好处给到位，升职加薪，发奖金，给荣誉，员工就能元气满满地干活。实际上，作为提升组织能力的一种手段，激励远非这么简单，它是一个体系化的工程。

一个完整的激励机制包括外在激励和内在激励两部分。

外在激励一般是指全面薪酬，包含固定工资、绩效工资、奖金、期权、保险、补贴、福利、生活关怀等。全面薪酬的本质是公司和员工之间短期和长期的交易行为，是通过利益分配产生激励效果。

和外在激励相比，内在激励是一些看不见、摸不着，但在个人成长中十分关键的事情，比如自我成长的感觉、希望被人看到的愿望、和牛人一起共事的满足感、对职业的热爱等，其中最重要的就是热爱。所有内在激励方法，比如企业价值观宣讲、对工作成果的表彰、一定自主权的释放等，都是为了唤醒、激发和提升员工对这份工作持续的热爱，这是内在激励的核心。

你可能认为，这些都是很虚的东西，员工不一定买账。但有些时候，如果用钱去激励员工，这就变成了一种交易，员工反而不会太在意。比如，一名销售经理率领的团队占据了公司年度 top sales 前十名中的六名，公司按照规定比例给到他相应的奖金，这是他应得的，他不会有太多感觉。那如何才能让他强烈感受到公司的褒奖，拥有更强的奋斗动力呢？再多给一份奖金吗？那就有失公平了。给他颁奖？他会很高兴，但估计也会觉得这是自己应得的，没什么意外。而如果你给他一个机会参加只有公司总监级高管才能参加的培训课程，让他能够近距离听到老板对公司使命、价值观的思考，他就会觉得这比多发点奖金更有价值。员工选择在一家公司工作，一方面是要在这里获得薪水；另一方面，他也需要从中寻求价值感和使命感，这样他才能真正沉下心来去专注地做一件事。

既然外在激励与内在激励都很重要，那么应该如何搭配使用呢？C&B 专家，也就是薪酬与福利专家，在思考这个问题时，通常会关注两个因素。

第一，针对不同层级的员工制定不同的激励策略。

一个人来到一家企业成为核心管理层，追求的绝不仅仅是每年的年终奖，对他来说，更重要的原因是和老板或者合伙人团队志同道合，有着共同的梦想和愿景，愿意一起奋斗。这样的高管，其内在激励来自对这份事业的愿景，所以我们的重点就是补上外在激励。我们通常会通过股权激励的方式让他意识到，自己的长期利益是与公司命运捆绑在一起的，他要和公司共进退，有承担、有背负。

而对于基层员工、中层管理者，以及非核心高管来说，他们来到一家企业，通常是想在个人财富、个人资历和价值方面获得增值，在此基础上，如果工作内容还算有趣就更好了。对这部分员工，要以外在激励为主，内在激励为辅。

第二，根据公司不同的发展阶段来制定激励策略。

公司在创业期和上升期时，产品的市场占有率不高，无法给员工很高的薪水，激励策略当然要以内在激励为主。公司做的事情是不是吸引人，创始人是不是有足够的魅力和号召力，这些都很重要。如果一个人热爱公司所做的事业，对老板充分信任，有时即便工资低，他也愿意留下来。

而当公司处于扩张期和平台期，特别是融资型公司进入C轮，规模达到500人以上时，会面对来自投资人的巨大压力。这一时期，公司必须不断做出新产品、攻占新市场，甚至公司创始人要在盈利能力、上市等方面和投资人对赌，如果对赌失败，很可能会失去对公司的控制权。在这个阶段，公司需要大量人才，甚至可能会不惜重金从大厂挖来一些明星员工——这些人的经验被反复验证过，其到来是为了给投资人信心，帮助公司起飞。在这一阶段，外部激励中的每一点都要做到位。

所以，在搭建激励系统时，C&B 专家要考虑的因素有很多，既要理解公司所在行业及其发展阶段的特点，也要识别不同人才的诉求，做到灵活运用激励策略。

薪酬：把钱分对不容易

· 赵宏炯

在 HR 的六大模块中，薪酬设计的知识壁垒非常高，即便你有丰富的薪酬核算经验，能够很好地理解业务，也未必可以胜任薪酬设计的工作，必须进行系统化的学习。

拿我来说，我的第一份工作是在一家媒体，公司规模比较小，我一入行就是全模块操作，但薪酬我只做过核算，并没有接触过薪酬设计。之后，我去了红星美凯龙，成为其电商业务的人力资源总监。作为总监，我发现自己在专业性上非常欠缺，尤其是在薪酬设计方面，可以说完全不懂。我当时压力巨大，内心非常惶恐，每天都感觉自己无法满足老板的需求。我非常渴望能够学习全球最好的人力资源管理实践。那是 2013 年，整个上海全球化的趋势非常明显，所以我选择去国外的网站上寻找学习机会。

经过一番搜寻，我了解到了世界薪酬协会这个组织。它除了为会员企业提供人力资源服务外，还进行薪酬管理的专业认证，学员必须在七年之内通过协会在全球统一设立的十一门考试才能够获得认证。在国外，如果要做薪酬负责人，这个认证是必须要有的。所以，我开始不遗余力地去学习，花差不多两年的时间通过了所有考试。

薪酬设计是企业外在激励系统的一部分，它的核心是把钱分对。怎么把钱分对呢？其内在逻辑有两点。

第一，要尽量保持内在的公平感。注意，是公平感，而不是公平性。为了让大家感觉到这么分是公平的，你要建立一套让大家认同的逻辑和标准。

第二，要考虑到同行业的外在竞争。比如，针对一个热门岗位，你要了解主要外部竞争者给出的薪水最高是多少、最低是多少，以及老板的期望值是多少。大部分公司可能会想，我给到中位数就好；而有的公司很看重对关键人才的争夺，会给得高一点，甚至超出行业最高水平；还有的公司采取折中方法，先给一个中位数，然后根据这个人的价值产出，到年中或者年底时再给一点激励。究竟应该怎么给，你要先了解清楚公司的战略方向是什么，如果公司希望着重发力的位置就是"付薪点"，那么你在这个点上就一定要给足。

拿加薪这件事来说，不同员工怎么加薪，目的是什么，策略是什么，都需要站在公司业务发展的全局来思考。

加薪一般分为三种：第一种是普调加薪；第二种是绩效加薪，也就是根据业绩好坏来加薪；第三种是晋升加薪。现在企业里的普调加薪越来越少，绩效加薪和晋升加薪比较常见。这两种方法都要以员工的绩效和实际贡献为基础。

我刚入职海风教育时，公司正面临业务重组，每一笔钱都要精打细算，而那时正逢年底，员工自然都期待加薪。但我们做了外部市场调研，结合第二年的业务情况，将以往 7% 的加薪预算 [1] 直接腰斩到 3%。你可能对这个数字没什么感觉。打个比方，假如公司的平均工资是 6000 元，要给每个员工加薪 3%，那么每个人每个月就相当于多了 180 元左右，还抵不上聚餐的一顿饭钱，可以想象员工加薪后"精彩"的表情。这样的加薪不仅起不到激励作用，还会引起员工的不满。

那么，如何在总体 3% 的加薪预算内制定加薪方案呢？

我们没有着急做加薪方案，而是和老板说，要想把钱分对，就要先把人盘清楚。所以，在加薪前，我们先要做人才盘点。但只有老板同意做人才盘点还不够，我们还要让各部门的总监参与进来。于是，我花了一周时间和各部门总监一对一地聊，跟他们讲做人才盘点的好处。

---

1. 第二年的薪酬总额与本年度薪酬总额相比，增加 7%。

我们把人才盘点的九宫格（见图3-2）放到坐标轴上来呈现，横坐标是潜力，代表员工未来的价值输出；纵坐标是绩效，代表员工目前的价值输出。

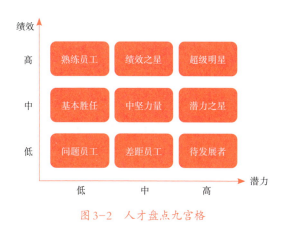

图3-2　人才盘点九宫格

这样盘点完成后，绩效低的员工就浮出水面了，他们加薪一定没戏，这样公司三分之一的预算空间就留出来了。但是，在横坐标的潜力部分，谁的潜力高，谁的潜力中等，又怎么来判断呢?

我们为此召开了人才盘点会，会上有老板、各部门总监、VP，还有我。我是会议的引导者，各部门总监是会议的陈述者。推断一名员工是否能够胜任未来的工作，通常还是要以他过去的成绩作为依据。在会上，我作为引导者并不轻松，因为各部门总监总是吹嘘自己的某个下属，这时我要保持中立，站出来提供不同层级的案例，引导其他角色去校准结果。

举个例子。技术总监在陈述一名大数据工程师有多大的潜力，讲得眉飞色舞，这时我会站出来提问："你能说说他今年做过哪些知识分享吗？分享的规模有多大？大家的评价如何？"这个问题的本质是看这名工程师的学习能力，而一个人学得怎么样，首先要看他能否教会别人。然后，我会引导其他人提供案例，比如对 VP 说："王总，你是否也能提供一个案例，聊聊对他的评价？"

多个案例放在一起，对高潜力者的判断依据才能被校准。经过一轮轮的人才盘点会，我们很清楚地了解了哪些人是"老黄牛"，业绩稳定，但很难再往前迈一步；哪些人是出工不出力的；哪些人是有能力，但还没出业绩的；哪些人是成绩优秀，而且可以把自己的成功经验复制出来的。这背后的逻辑是，老板不仅要看到你现在做得优秀，还要知道你是否能持续优秀，未来是否可以和公司同频发展。这就好比买房子，我们看的不只是它现在的价值，还有它未来的升值空间。这样算下来，我们的预算又多了 25%。

盘完人之后就可以分钱了吗？还不行。要知道，如果公司对认可的员工的加薪幅度都是一样的，那么工资原本就很高的员工加薪也越多，工资越低的员工加薪越少。从激励的角度来说，这绝对不是一个好办法。那要怎么规划每个人的加薪比例呢？

举个例子。一名刚刚从 P4 升为 P5 的员工，月薪是 3 万元，此时他像一块海绵，正努力做能力爬升，公司会给到他 15% 的加薪比例，也就是 4500 元；而另一名 P5 的员工，已经在这个职级上做了三年，月薪是 3.8 万元，公司可能只会给到他 5% 的加薪比例，也就是 1900 元。你可能会问：为什么同样被公司认可，同样是 P5，差别这么大呢？其实，公司永远都希望员工能创造更高的价值。所以，加薪比例的背后是你的发展速度是否跟上了公司的期待。

找到每个人的加薪比例是不是就完成加薪方案了呢？依然没完。我会额外分出一小笔预算给到公司稀缺的岗位和特殊员工。因为如果这部分员工跑到竞争对手那里，那时你哭都来不及。

所有这些都想清楚了，分清楚了，加薪方案才算完成。以我们公司的三名员工为例：

第一名员工是个 AI 工程师，他今年开发了情绪识别系统，完成了三个迭代版本，平时和同事关系融洽；

第二名是个教学经理，负责所有数学老师的管理工作，今年的绩效指标完成得也相当不错，在公司老师急速增长时，还提出了"一百位团长"的概念，增加了管理颗粒度；

第三名是个销售经理，今年圆满完成了业绩，在公司已经八年了，和同事、领导的关系非常好。

你觉得上面三名员工中谁的加薪幅度会比较大呢？答案是第二名。他做对了什么呢？他在承担本职工作的同时，还解决了公司急速增长中的管理痛点问题。那第一名工程师怎么办？我们给了他一笔留任奖金，分几次发放，但不计入固定工资。最后的结果是，我们用 3% 的加薪预算，维持了往年的员工留存率。

薪酬策略其实是公司战略的一种语言，公司如何看待人才，如何规划未来的发展，决定了它的付薪理念，以及它如何对待不同员工的价值。所以，作为薪酬与福利专家，在拥有扎实的专业基础的同时，更重要的是要读懂公司在发展中对不同业务、不同员工的需求。要做到这一点，你就不能陷在自己的专业中，而要及时了解公司的经营策略和公司负责人的管理思路。

在 COE 中，TD（人才发展）专家要负责企业中各团队关键人才的培养，他们要把这些关键人才的关键能力提炼出来，搭建起胜任力模型、任职资格体系，并以此为基础，有针对性地做出不同序列员工的学习地图，同时做好继任者计划。

但是，已经成为企业关键人才的员工要不要学习和接受企业进一步培养呢？答案是肯定的。这考验的其实是一名

TD 专家对于公司经营需求的整体考虑。下面，我们就来看看梁冰老师的亲身经历。

人才发展专家的核心能力是什么

· 梁冰

人才发展并不是每家公司都重视，一般情况下，只有经营状况好的公司才会系统地搭建人才发展体系，以及其中的培训体系。如果你恰巧在一家优秀的公司，已经工作了3～5年，对培训工作有浓厚的兴趣，那么接下来，你的工作可就不仅仅是联系老师、安排培训场地、准备课程道具这些杂事了，你可能要接触一些教研工作。

不管是哪个模块的 HR，要想让公司看到自己的价值，就要先洞察企业的痛点，看到员工的期待，然后建立起一套系统去洞察需求、解决痛点。其中，你尤其要关注大家的体验，大家认同你了，你才能获得更多机会。

举个我自己的例子。离开通用电气、IBM 这样的公司，进入民营企业后，我感受到了巨大的差异。许多老牌外企已经成长了一百多年，各方面的流程和体系十分健全，大家对培训的认知很到位，愿意给你空间去创造。但在民营企业，老板虽然认为我可能有用，但在具体事情上他经常会打问号；他给我的工资不低，十几年前我的年薪就达到了百万元级，所以他要看到回报。同时，公司整体氛围对培训这件事也持怀疑态度，特别是在花钱的时候。

我来到复星的重要任务之一是建立企业大学，需要花不少钱。这件事首先遭到了 CFO（首席财务官）的反对，他不太理解，为什么一件看不到收益的事情要花这么多钱，因此很有抵触情绪。我很难开展工作，压力之大可想而知。在这种局面下，我必须创造机会让大家认识到我的价值，我干的第一件事必须得打响。

参加管理层办公会时，我发现审计部门的老大总是被老板骂，而且被骂得很难听。原来，复星集团投资了几百家企业，有的是参股，有的是控股。作为股东，复星每年都要把被投公司的财务报表拿过来审计。但被投公司的审计部门都不愿意把财务报表交出来，即便交了，也不是真实数据。所以审计部门的老大非常头疼，投资审计报告总是不能及时完成，即便完成了，老板也认为数据不准。

了解到这些情况后，有一次开完会，我找到这位审计老大说，我可以帮你把这些公司的审计搞定。他很惊讶地看着我，心里肯定在想，这个 HR 是在说梦话。

我拉着他共同策划了一个项目，以复星的名义做了一个"审计总监训练营"，培训对象是集团各直属、控股和参股公司的审计负责人。

第一步，我们进行了大量访谈，去了解这些审计负责人的职业愿景，以及最想听的课、最想学习的知识是什么。

第二步，根据各公司审计负责人的需求，我们以最高标准精心规划了长达一年的培训课程。我们请最好的老师来讲课，包括知名商学院的老师，还有我之前所在的通用电气的审计部门高管——通用电气的审计在全球都是很有名的。我们的课程有一个完整的体系，除了审计，还包括一些 EMBA（高级管理人员工商管理硕士）的重点科目。

第三步，我们做了大量宣传，把这些非常优质的资源向大家展示出来，让大家意识到，这是世界一流的培训，代表着光明的未来，机会难得。我们的使命就是提升大家的专业能力，让每一个审计部门都更具竞争力，我们提出的愿景是"成为中国最好的审计部门"。这个训练营由集团出钱，每个公司的审计老大自愿参加。

经过大力宣传，"审计总监训练营"大受欢迎，各公司的审计负责人踊跃报名，一个班很快就招满了，其他人只能等下一期。

第四步，在整个培训过程中，我们在每一处细节上都力图给到学员最好的体验。比如，教室的温度要调到多少度；教室里的灯很多，哪个时间一定开这个灯，哪个时间一定关那个灯；饮料和茶点在桌子上按什么顺序摆放；笔要放在距离纸几厘米的位置；座椅要调到什么样子学员坐着才舒服……所有这些细节都写在课程的现场流程中。

除了上课，我们还做了大量团队建设，我们给它取名叫"复星的建设"，包括一起到郊区参加拓展训练、野营，一起看电影，一起做菜等。大家心里觉得温暖，培养了战斗友谊，从而进一步统一了专业认知，在价值观上达成了共识。大家亲如一家，既然是一家人了，还有什么要遮遮掩掩的呢？

这个训练营开到差不多三个月时，审计报表终于捋顺了，甚至到后期，全集团的审计部门之间实现了流动化管理——这个审计师今年在这家公司，明年就去了那家公司。这样，集团的审计负责人终于能够把控住集团的审计业务了。

"审计总监训练营"的成功让集团意识到，培训这件事可以解决很多问题。后来 CFO 主动来找我，我至今还记得他的原话："梁老师你不能偏心啊，审计部门的事儿你能解决，我这儿还有一堆问题呢……"其实我知道，财务部门同样存在集团对各公司管控不足的问题，而这件事我也可以帮他。

梁冰老师的这个案例包含搭建培训体系的四个关键步骤，那就是发现公司管理需求、有针对性地做大量访问、精心设计课程体系和执行落地，其中前两步都是寻找靶心、瞄准靶心的动作。这其实是典型的以客户需求为导向的思维模式，先把握住公司发展的真实需求，再运用自己的专业能力搭建体系、解决问题。

同样，招聘团队也遵循这一工作原则。

海风教育是一家在线 1 对 1 教育机构，员工大部分是线上教师，而线上教师的流动性往往比较大。相应地，公司的招聘需求也就十分旺盛，每月都需要招聘几百人。

针对这个特点，为了方便管理，赵宏炯老师重新划分了招聘职责，招聘线上教师由专门的招聘团队负责，集中安排线上教师的简历挑选与面试安排，招聘专家则负责高端人才的搜猎。

招聘专家是如何工作的

▌团队：招聘团队的构成与分工

· 赵宏炯

一家公司的招聘工作到底由谁来做？是专门的招聘团队，是 BP，还是 SSC 中的招聘专员？其实，在不同公司，招聘工作的分工也是不同的。在按照模块架构搭建人力资源部门的公司，招聘是一个独立的模块团队；在严格按照三支柱架构搭建人力资源部门的公司，BP 和 COE 团队可能都肩负了部分招聘工作——比如，BP 负责搞清楚人才画像、提需求、做招聘数据漏斗验证与分析，招聘专员负责规模性招聘职位的筛查简历、安排面试，而 COE 中的 RC 专家，也就是招聘专家，负责管理层或者关键人才的获取。

你可能会问，BP 的重要职责之一是为团队招人，那为什么还要有专门的招聘团队呢？其实，如果招聘需求量大或者难度大，尤其是一些招聘规模从几十到几百人以上的特别招聘项目，比如校园招聘、管理培训生项目、公司拓城、新店人才搭建、跨国招聘等，必须要由专业度较高的人来完成，BP

是无法分散精力兼顾的，这时候就有必要成立招聘团队。

一个完整的招聘团队一般有三类角色：招聘总监或经理、招聘主管和招聘助理。

招聘总监或经理是招聘团队的领头羊，他需要具备以下几项能力：

第一，能够制定整个公司的招聘策略，包括公司当年的招聘数量、对人员的能力要求、吸引人才的手段、招聘渠道、甄选模式和招聘节奏等。这需要他具备把控全局的能力、框架型思维，以及对竞争对手的洞察能力。

第二，他在行业内要有比较深的人脉积累，能够靠自己的能力吸引一些顶级人才。

第三，他要善于规划和使用资源，能够最大限度地优化招聘渠道，并运用这些渠道塑造雇主品牌。这里的招聘渠道不单指招聘 App，还包括聚集优秀人才的社交媒体、职场社群等。他要把公司所有的优势转化成候选人能够理解的语言，利用这些渠道发布出来，吸引目标人才。

举个例子。Cabana 初创时很难招到非常好的一线奢侈品销售，为了吸引优秀人才，我们把创始人的优秀背景、公司愿景和价值观，以及员工为什么要来这里，为什么留在这里等内容，有节奏地发布在社交媒体、招聘 App 等平台上。雇主品牌形象会极大地影响招聘的转化率。尤其是对一家初创公司来讲，优秀人才在接到电话邀约后通常不太可能马上过来面试，他会先观察，通过网络了解公司的相关信息，比如这家公司的创始人是谁，他的背景和愿景是什么，他过往有哪些成功项目，公司获得过哪些投资，等等。当了解到足够有吸引力的信息后，他加入我们公司的可能性就会大幅提高。

也许你会问，塑造雇主品牌应该是市场部的事吧？其实，大部分公司的市场部都有自己的业务规划，它是不会主动帮助招聘团队做雇主品牌建设的，这就需要招聘团队主动提出需求。比如，我们公司的官方微博账号有一级目录和二级目录，公司初创时，我想在一级目录中加入一些有关雇主品牌的内容，比如创始人的经历、品牌理念和愿景等，我要用这些有魅力的内容来吸引优秀销售。但市场部对此不是很理解，所以我只好去跟创始人聊：我们现在的招聘策略是什么，要吸引哪些人，为什么雇主品牌重要，等等。在创始人的推动下，市场部最后才帮我做了这件事。

招聘主管是招聘计划的关键执行者，他要负责开发和维护招聘渠道、进行面试、执行招聘项目等工作，从而达成招聘目标。

招聘主管首先要具备前端工作能力，也就是我们常说的"三件套"：搜寻能力、渠道网络建设能力和陌拜能力。十几年前，我在网宿科技工作时，电脑硬件公司之间的竞争非常激烈，我们当时的目标是把惠普、思科、戴尔和联想的候选人名单全部"打烂"。所谓"打烂"，就是饱和式搜索、饱和式联络、饱和式陌拜。

搜索，就是顺着一条线索不断挖掘候选人名单的能力。比如，我在社交媒体上找到了一个戴尔的员工，我通过查找评论区或者他关注的人，顺藤摸瓜发现了一系列和他有联系的人，其中有他在戴尔的同事、在联想工作的同行等，他们都会进入我的联络名单。

饱和式联络要以你的人才渠道网络为基础。招聘专家的人才渠道网络包括猎头和行业中的从业人员。当你需要招一个人时，他们可以给你介绍合适的候选人。这其实是基于六度人脉理论，如果你的人际网络足够健全，那么理论上，不管是谁你都能找到。

陌拜能力则与一个优秀销售的素质相似。在整理好候选人名单后，你要想出各种办法一个一个地去陌拜，并且咬住不放，紧跟到底。比如，我们公司的招聘主管有时会直接打电话给某个目标店铺，说我要投诉，叫你们店长过来。店长一接电话，他就会说："我是一家开设在嘉里中心的奢侈品家居零售公司的 HR，我不知道你是不是在看机会……"如果觉得打电话的人很无聊，这位店长会直接挂断，但如果他真的在看机会，可能就会说："我现在很忙，你加我微信吧。"陌拜的失败率非常高，所以你要坚持不懈，并不断对话术进行优化。

除了前端工作能力，招聘主管还必须具备对人的洞察能力、谈判能力和面试能力，以及落地能力——促进候选人入职后尽快融入团队的能力。这四项能力都关系到你能否真正帮企业引进人才。

招聘助理要撰写招聘文案、对接招聘渠道、筛选普通员工的简历、邀约面试，以及负责校园招聘等专场活动中的大量事务性工作。

在有些规模比较大的公司，招聘团队还设置有专门的雇主品牌经理、营销经理和招聘技术经理等。

招聘团队分工明确、岗位多样，你可以从中找到自己擅长的方向，逐步成长为招聘专家。

以上几种能力对应了一个招聘项目中的各个环节。除此之外，张韫仪老师认为，招聘主管还要有优秀的项目管理能力和识人能力。

▌统筹：招聘需要项目管理能力

· 张韫仪

项目管理能力可以具体落实为一条流程化的项目管理机制，及时识别进程中的卡点和风险，并给到业务部门相应的反馈。比如，你正在招一个品牌经理，在招聘的过程中发现这个人很难招，通过复试的人总是提出这样那样的问题，最后选择放弃，这意味着你的招聘遇到了卡点。这时，你要及时把情况反馈给管理者，汇总一下候选人不愿意来的原因，看看到底是哪里出了问题，和他商量应该怎么解决，而不是自己吭哧吭哧地干活，迟迟招不到人，业务部门也不知道是因为什么。

项目管理能力还体现为你的渠道资源统筹能力。首先，招聘主管要识别不同渠道的特征。比如和你保持联系的几家猎头公司分别有哪些优势和劣势，你重点需要它们提供哪些价值；而招聘 App 和社交媒体，比如 BOSS 直聘、猎聘、微信朋友圈，又能提供给你哪些核心价值，你要怎么去用它们。所有这些，你都要有一个明确的统筹思路。

其次，你要建立一份自己的资源清单。有些关键人才是你最近要去获取的，而同行业中的其他人才你现在虽然没有需求，但也得有所准备，因为根据公司的发展规划，可能明年要招几个其他类型的人……你要有自己的短期需求、中期需求和长期需求清单，然后再去匹配自己的资源。与短期需求相匹配的资源，你要立即开始高频互动；与中长期需求相匹配的资源，你可以低频但高质量地互动。

优秀的识人能力可以帮助你在众多的候选人中准确找到符合业务团队需求且匹配企业文化价值观的人才。但人是极其复杂的，面试的时间又十分短暂，最多只有一两个小时，如何在这么短的时间内对候选人做出客观、准确的判断呢？

▌识人：在招聘中如何高效识人

·张韫仪

很多 HR 在面试时会对候选人说："你的简历我看了，能不能再给我讲一遍？"候选人迫于你坐在面试官的位子上不得不回答，但其实心里已经开始不爽了。他可能会想，我的简历你到底看了没有？

在面试时，如果只是核实简历内容，效率就太低了。HR 要在短短几十分钟内对一个人进行深入了解，所以一定要在面试前做好功课，主动挖掘关键问题。

你先要通过用人岗位的人才画像，明确这个岗位的核心诉求是什么。如果核心是选一个管理能力强的人，那么你面试的重点就是观察候选人的管理能力够不够。比如，候选人在过去的第三份工作里做到了管理岗位，那你就要知道他是在什么情况下获得这个机会的。有人做管理是被动的，因为团队需要，他不得不去，但他做得并不开心；而有人是主动的，通过竞争，甚至是竞聘争取到了这个位置。这两者在自驱力和能力特点上一定有明显的区别。接下来，你还要知道他管理团队的风格是怎样的，你可以问问他心目中理想的管理者应该是什么样子，或者最不喜欢什么样的管理模式。如果这个岗位主要考验一个人的专业能力，你就要提前准备一些专业上的问题。

把握住岗位的核心专业诉求后，你还要在面试前充分了解候选人的背景，包括其工作经历、项目经历、教育背景等。很多 HR 会偏好这几种背景：在一家公司工作的时间很久，比如五六年、七八年，甚至更长时间；毕业于名校；有在行业头部企业工作的经历；等等。我认为这些因素固然重要，但都只是表面因素。

以候选人在一家公司工作很久为例，这的确能说明这个人的稳定性不错，但我更关注他在长时间的工作中是否有自我迭代，是否有变化。如果他在一家公司工作了九年，开始是工程师，之后转做产品经理，这样的经历就说明他在不断学习和提升；但如果他在一家公司工作了八九年，始终停留在一个职位和一个职级上，没有发生任何改变，那他很可能会在学习能力和适应能力上有所缺失。

另外，我会关注过去老板对他的评价。如果他是被老板捧在手心的红人，那么他做事、做人基本上不会有大问题。

在熟悉了候选人的背景后，我会有针对性地设计问题。在核实他做过什么的同时，我还会问他是怎么做的，以及他的工作逻辑和思维方式。在这个过程中，我比较常用的方法是 STAR 追问法：

S：Situation（背景），询问项目发生的背景，要解决什么样的问题；

T：Task（任务），询问候选人在项目中负责哪部分工作，主要任务是什么；

A：Action（行动），询问候选人在项目中采取了哪些具体行动；

R：Result（结果），询问候选人最后取得了什么结果，以及收获是什么。

标准的提问方法能帮助 HR 了解项目的发生场景和细节，以此判断候选人简历的真伪。

核实项目经验、判断能力特点是不是符合岗位的核心诉求，是招聘官在面试时一定要做的工作。在此前提下，我会针对能力模型、项目经验与岗位诉求高度吻合的候选人，进一步去看他底层的东西是不是与正在招聘的岗位相契合，去挖掘他那些潜在的、"冰山"下的部分。

我通常喜欢在面试中创造一个相对融洽的氛围，双方像聊天一样平等地去交流。比如，刚见面时我会跟对方说："这不仅仅是一次面试，还是我们相互了解的一次机会，你有什么问题都可以直接问我。"类似这样的暗示，我会先给到对方，让对方放下戒备和伪装，呈现出真实的自己。

在相对轻松的氛围中，我可以运用心理学和微表情方面的知识，在谈话中获取更丰富的信息。当候选人说话时，我会观察他的微表情。一般人在撒谎时，眼神会游离，面部表情也会有变化，这些都是很容易看出来的。我可以从中判断他说的哪些信息是真实的，哪些可能是伪造的。此外，我还会问一些关于原生家庭的问题，了解他更底层的部分。

原生家庭的问题主要涉及子女跟父母的关系。比如，我会问："能冒昧地问一下你父母是从事什么职业的吗？""我能知道你在家里排行第几吗？"这些都是非常重要的信息。如果他愿意聊这个话题，我就可以继续问："如果用三个词来形容你的父亲，会是哪三个词？""如果用三个词来形容你的母亲,你会用哪三个词?""如果让你给父母一个建议,你希望他们在哪个方面有所改善?"有些人可能会说,我希望我爸爸更有力量一些,我希望我爸爸更有担当一些,我希望妈妈别那么强势,等等。任何人身上都有父母的烙印,只是程度不同。候选人描述的父亲和母亲的特质,比如勤奋、隐忍、好强、有担当,他身上肯定也有。你可以结合他的经历和表述去抓取这些词,甚至可问:"你继承了父母哪些部分,你跟他们的区别又是什么?"这里面有大量信息可以帮助你了解他底层的东西,比如他选择这份职业的核心动机是什么,他是否能跟自己未来的管理者顺畅协作,他能否在这个岗位上坚持下来,等等。

我曾经看过一个女孩的简历,她的项目经验和学历背景与我们的岗位诉求很吻合,但简历中体现出的另一个特点让我犹豫了。她频繁跳槽,差不多每两年就换一家公司。按照HR通常的认知,这样频繁跳槽的人是不太受欢迎的,可能都不会约来面试。但基于她的项目经验与岗位诉求的匹配度,我还是决定试一试。

面试时,在核实了她的项目经验和能力特点后,我进一步问:"你这样不停地跳槽是在追求什么?"她想了想,回答不出来。于是我接着问:"你是独生子女吗?"她说是。

一般在兄弟姐妹多的家庭中,排行中间的孩子求生欲和竞争意识会比较强，而独生子女通常会受到父母比较多的关爱，竞争意识相对较弱。她继续谈起了自己的父母。她说，她的父母非常民主，很尊重她的决定。这样听下来，家庭环境似乎对她这种特性没有直接影响。这种情况显然不符合逻辑，于是我进一步深挖："你爸爸有兄弟姐妹几个？"她说："三个，爸爸还有一个弟弟和一个妹妹。""你叔叔的孩子应该是个男孩，对吗？"她很惊讶我竟然能猜到。我继续问："你爷爷奶奶更喜欢你，还是你叔叔的孩子呢？"这个问题一下子打开了她的话匣子。她说，自己的爷爷奶奶特别重男轻女，对自己比较冷淡，言语中总是透露出对自己性别的失望。但爸爸又是家里的长子，所以她从小就感到自己被寄予了厚望，却又因为是女孩而辜负了家里人的期待。

她说完这些后，我突然明白了。我说："其实你频繁跳槽，一直折腾，是想向亲人证明你也可以像男孩子一样强大，是吗？"她愣住了，然后缓缓地说："我终于知道自己在纠结什么，折腾什么了。"接着，她回顾了自己十几年的职业生涯。她从品牌经理做到了创新中心的一把手，后来又成为合伙人。她加班加点，总是想做更多的工作。她无法接受自己软弱的一面，更无法接受自己在一些项目上做得不尽如人意。在别人看来，她已经承担了太多，但她还是不满意。她内心真实的声音，其实是要寻找到一个更强的自己。

面试快结束时，我对她说："其实你要做的功课不是别的，是接受自己。什么时候能接受自己的脆弱和不尽如人意，你才能真正变得强大。"

基于这位候选人很强的业务能力，以及不求安逸的特点，我录用了她。虽然她不一定能与自己和解，但我认为，这种不断求变的人与岗位诉求其实是匹配的，太安逸的人在我们这里反而做不久。

深挖一个人底层的部分，能帮助面试官多维度地看待候选人，更准确地把握其心理动机。你要让面试变成两个人互动的过程，有承接、有呼应、有深挖、有引导，让对方在不知不觉中分享自己的真实情况。

我以前看过一句话，非常有共鸣：只有用多维视角去看人和事，你才能知道它的本质。这句话也适用于招聘。不管是了解项目的更多场景和细节，还是通过心理学知识、微表情洞察人底层的心理特点，都是在多维度地看待候选人，从而更高效地识别出他是不是企业需要的人，最终实现人岗匹配。

掌握一些心理学的知识和方法，能够多维度地观察人、认识人，对招聘官来说极其重要。与此同时，一些结构化的访谈技巧也有助于招聘官快速识人。除了张韫仪老师提到的 STAR 提问法，还有一些在面试中经常被用到的方法，我们来看看赵宏炯老师的分享。

重点：不同岗位的面试重点有所不同

· 赵宏炯

很多人在求职面试时被问到的问题都与简历中出现的内容相关，比如个人基本情况或者项目经验。看上去面试官只是在和你随便聊聊，但其实面试是一项技术含量很高的工作。在一些招聘训练营中，面试训练会分为基础版和进阶版。

基础版面试训练主要集中在闭合性问题和开放性问题的转换上。比如，"你开过店吗"就是一个闭合性问题——如果你没开过，我们就不要你。候选人如果脑子灵活，一定会说自己开过，然后编一个故事出来。而如果你问"作为店长，你遇到过哪些挑战"，如果对方没开过店，他就很难回答。所以，这是一个开放性问题。开放性问题一般集中在项目发生的具体场景，他做了哪些动作，有哪些数据，结果怎样，如何验证等问题上。相比闭合性问题，开放性问题更能挖掘出候选人的真实情况。

进阶版面试训练会把重点放在金线问题、高光问题和认知问题上。这几个类型的问题会大大提高面试效率。

金线问题，是要考查候选人是否掌握了这个岗位必备的专业知识。如果候选人不知道如何回答这些问题，就会被直接淘汰。这类问题要和业务部门达成一致。比如，我们在招聘零售负责人时，一定会问的问题是："如果你今年的任务是30亿元的销售额，你如何通过人、货、场的运营去实现？"如果他告诉我，他会根据任务拆解，需要招50个销售，那我会直接把他淘汰，因为这样的回答非常不专业。但如果他知道怎么改善渠道营销、店面空间的动线，知道如何从客流量、转化率、客单价和复购率等综合维度去推演，那么至少说明他具备一定的专业知识。

高光问题，是要了解候选人最让他骄傲的工作经历。但是你不能只让他吹嘘，一定要让他呈现数据和事实、项目背景、怎么做的复盘、经验教训是什么，等等。高光问题能比较完整地呈现一个人的能力，是一定要问的。

认知问题，是要考查候选人对这个职位的认知，这决定了他将来可能会达到的高度。比如，招聘市场部负责人时，认知问题可能会是："你认为做市场部负责人，最重要的三件事是什么？"他可能会说："第一件是品牌战略；第二件是要做转化，做了很多品牌建设，到底有没有效果，要转化出来……"光这样说不行，你还要让他举例，说明一些实际情况。比如，你可以问："你说品牌转化很重要，那请你给我讲讲你做转化成功的案例吧。"面对一些高阶人才时,认知问题也是一定要问的。

在候选人通过了金线问题、高光问题、认知问题的考查后,我会再看他的学习能力、复盘能力、自驱力,以及他的热爱是在哪个方向。

其实,面试提问的方式有很多种。我们的核心目的是把问题设计得没有指向性,让候选人不知道你问这个问题的目的是什么,这样他的回答才会自然、真实。

CHAPTER 4

第四章
高手修养

欢迎来到 HR 职业预演之旅的最后一部分——"高手修养"。

人力资源部门的一号位在不同公司有不同的称谓，可能是 HRD，也可能是 HRVP，还可能是 CHO。CHO 是一个公司中人力资源部门的最高领导者，他的级别要高于 HRVP；而 HRVP 的职位又高于 HRD。但有的公司并不会设置 CHO 的岗位，所以 HRVP 就是人力资源部门的一把手，HRD 则是集团某个分公司的人力资源部门负责人；而在没有 CHO，也没有 HRVP 的公司，HRD 可能就是人力资源部门的总负责人。究竟如何称呼，和公司的规模、HR 在公司管理层扮演的角色有着直接关系。为了方便阅读，在接下来这一章，我们将使用"HR 一号位"这个称谓来代表直接汇报给老板或者 CEO 的人力资源部门负责人。

在这一章，你将了解到：

· HR 一号位需要具备哪些能力？

· HR 一号位如何在温度与制度之间寻找平衡？

· HR 一号位如何处理和老板的关系？

·HR 一号位如何站在全局视角，看待 HR 和财务、法务的关系？

这一部分的 HR 职业预演之旅将紧紧围绕这些问题展开，你准备好了吗？

HR 一号位要具备哪些专业能力

▌素养：HR 一号位的关键知识和能力

· 赵宏炯

我入行时的师父是一位非常优秀的人力资源总监。在他的影响下，我开始热爱 HR 这份工作，并立志在这条赛道上拼搏。我确立了自己的目标：一定要成为规模较大公司的 HRD，也就是 HR 一号位。

为了达成这个目标，我从原先只有一二百人规模的媒体公司跳槽到了网宿科技。网宿科技当时有三千多人，是国内云计算领域的头部上市公司，我担任上海分公司的人力资源经理。当时我们的部门架构是按照模块来搭建的，招聘、薪酬、绩效、培训、员工关系这些我都要负责，人力资源战略和各项制度的制定则由公司总部的 HR 负责，我的任务是执行和落地。

大约三年后，我意识到在网宿科技自己是很难进阶为 HR 一号位的，因为公司的 HRD 非常优秀，我很难有机会。所以，尽管我手上有不少期权，我还是决定跳槽，去红星美凯龙新成立的电商事业部担任 HRD。

我通过跳槽进阶为 HRD，可没想到这是一次让我始料未及的巨大挑战。过去，作为人力资源经理，我做的是执行工作，很多事情只要能按时交付就可以了。但当我必须开始定策略、定制度时，我明显感到自己难以胜任，遇到了很多前所未有的问题，比如人力资源的战略规划怎么做，目标闭环如何设计，招聘策略是什么，如何制定付薪方案，如何推动企业的文化建设，等等。面对这些问题，我只能硬着头皮上。我突然发现，自己的专业基础不够全面和系统，有着巨大的漏洞，必须恶补。

从人力资源经理到 HRD，是 HR 职业生涯中一道重要的分水岭。在红星美凯龙的日子我过得磕磕绊绊，似乎总是难以达到老板的要求。我因此整日诚惶诚恐，几乎把所有业余时间都用来学习。

简单地说，HR 一号位要具备的关键知识可以归纳为两部分，第一是人才，第二是组织。

人才方面的关键知识包括：第一，人才获取，也就是人才战略、职位说明书、人才获取渠道、人才筛选流程、人才落地与融合流程；第二，员工的敬业度和留任，一般员工入职一年后，我们就会开始关注他的敬业度和留任问题了，通过 Q12[1] 来进行敬业度评估；第三，学习和发展，包括员工培训、职业发展规划和干部管理；第四，全面薪酬，包括付薪策略、薪酬管理，以及福利补贴。

组织方面的关键知识包括：第一，组织发展，HR 一号位要有意识地通过收集一线数据，对组织可能遇到的问题提前做出干预方案；第二，组织变革，也就是通过调整汇报关系、架构重组，提升组织能力；第三，人力规划和配置，也就是企业一年要招多少人，怎么根据业务需求进行人员配置，以及公司的知识管理、劳资关系等；第四，HR 的 IT 技术管理。

作为 HR 一号位，你虽然不用对以上所有知识都很精通，但你的知识架构一定要涵盖这些知识，而且这些知识要能帮助你做判断。如果你所在的企业没有相关专业人才，也就是COE 专家，比如在红星美凯龙，所有策略都需要我自己做，那你也必须能快速学习，快速上手。

除了关键知识，HR 一号位还要具备几项关键能力。

第一，HR 一号位的道德实践能力必须要强，也就是必须对红线问题有足够的敏感度和执行力。首先，你自己不能碰触红线，比如与猎头合作时不能收取回扣，不能利用职权对

---

1. 盖洛普的 Q12，是测评一个工作场所的优势最简单和最精确的方法，也是测量一个企业管理优势的 12 个维度。

员工打击报复等。其次，对于公司里发生的贪污、贿赂，甚至更严重的违规违法行为，你要足够敏感，并能在公司建立起敢于指出违规违法行为，不惧怕打击报复的氛围。一些大厂的人力资源部门会招聘曾经在公安局或者国家安全部工作的人组成监察部门，专门应对贪腐。

第二，HR一号位必须具备优秀的领导力和引导力。当业务部门有需求时，你需要整合公司内外资源，拉场子，引导大家朝着共同的目标工作。

你的商业敏锐度必须要高，也就是要能理解老板的生意，以及一些商业本质的东西，并能系统性地思考HR应该如何帮助老板达成商业目标。

第三，你要有随时被咨询的能力，要成为公司的内部顾问。当老板或者其他管理人员有人力资源方面的疑问时，你必须能够快速解答，即便不能立即给出解决方案，也要能说清楚这件事的思考逻辑。这意味着你要有扎实的专业基础，同时要有很强的分析能力、评估能力和解决方案的能力。其实，各个岗位的HR都应该具备这些能力，但作为一号位，你面对的问题会更加复杂，你给到的解决方案也应该是系统和完整的。

第四，你要有很强共情能力和表达能力。这是任何岗位上的HR都要具备的，HR一号位当然也不例外。

HR 入行的门槛不高，但之后每一个台阶的门槛其实都很高，每一次跃升都需要你付出巨大的努力。对我来说，在红星美凯龙的日子极其煎熬，不过正是这一段经历，让我意识到了自己专业上的短板，促使我开始疯狂学习。离开那里后，我入职海风教育，其员工多达上万人，仅老师就有四千人左右。由于几位联合创始人都是名校数学系毕业的，对数据的要求极高，所以我又积累了许多数据驱动管理的经验。

经过了艰苦的学习和长时间的准备，今天我才得以在 Cabana 真正实现自己的梦想。这家公司的创始人是一位连续创业者，核心伙伴来自麦肯锡、亚马逊、康泰纳仕集团。他们对人力资源管理有深刻的认知，所以从公司成立伊始就对 HR 提出了很高的要求，这让我得以全面发挥自己十几年来的积累。我既可以贴地飞行，领导基层的执行工作，也可以高屋建瓴，定战略、建体系。在 Cabana，我真正成了一家公司的 HR 一号位，一名 CHO。

作为 HR 一号位，全面的知识结构只是基础，更重要的是站在公司全局的角度去看人力资源部门的大环境，比如公司眼前最紧迫的管理需求是什么，下一步要朝哪个方向发展，HR 与法务、财务怎么配合等，并以此为基础思考 HR 的工作方向，针对公司的一些痛点问题和棘手问题给出解决方案。这时，你深厚的专业功底就是一把解决问题的利刃。

洞察：帮助公司解决痛点问题

· 梁冰

　　HR 一个很重要的任务是做优秀人才的能力复制，把好的经验沉淀下来，让更多员工提升能力。这件事说起来容易，但在现实中会遇到很多阻碍。

　　复星集团是一个投资集团，每年都会在全世界范围内寻找有前景的项目或者公司进行投资，所以投资经理这个岗位对集团来说极为关键。投资经理要有很强的判断力和实操能力，同时必须具有全球视野。这样的人才一方面来自市场中有经验的投资人，另一方面来自耶鲁大学、哈佛大学、哥伦比亚大学、北京大学、清华大学、复旦大学等世界名校的毕业生。这些毕业生大多没有实际工作经验，但薪资都很高——十几年前，他们就能拿到 30 万～ 50 万元的年薪。

　　这样连续招了几年后，集团发现了一个很严重的问题，那就是这些名校毕业生的流失率非常高。每年集团招四五十个人，第二年基本会走光，然后再招，再走。为什么会出现这种现象呢？工资不低啊，他们为什么一定要走呢？经过调研，集团发现这些人虽然被分到了投资部门，但投资总监、投资经理都不愿意带他们。投资其实是个手艺活，教会徒弟饿死师父，所以没人愿意教。教会你，你自己拿佣金，师父又没什么好处。那他们整天干什么呢？闲着，贴贴发票，聊天，睡觉……他们怎么能待得住呢？不走才怪。

针对这种情况，复星集团当时的培训部门开始给这些新人安排非常系统的商务课程。他们从国内各大商学院请最好的老师来讲课，但紧跟着又发现，这些年轻人对此根本不感兴趣，出勤率很低。原来，人家在大学已经见过世界顶级的教授，听过最经典的案例。所以，无论请谁讲，他们都不愿意来上课。这可怎么办呢？

我到复星集团后，老板跟我提起这件事，说不知道怎么办。我想了想说，我应该可以做点事情。

经过调研，我们发现这些年轻人不是不想学习，而是学不到他们想学的东西，公司给的培训又不是他们关注的。与此同时，我通过翻阅资料发现，集团过去有很多非常精彩的投资案例和并购案例，有些案例的投资回报率[1]不是 15% 或 20%，而是 20 倍、50 倍，甚至 100 倍。这些案例都是公司的历史。年轻人不知道，因为没人跟他们讲，也没人能讲清楚。为什么没人能讲清楚？因为所有项目都没有系统地做过复盘，负责项目的投资经理只管打仗，打完仗就去干别的了，只有一些合同和简单的文字记录。而如果你想请他们讲讲自己当初是怎么做的，得到的答复肯定是没时间。优秀的投资人

---

1. 投资回报率 =（税前年利润 / 投资总额）× 100%，是指企业从一项投资性商业活动中得到的经济回报，是衡量一个企业盈利状况和经营效果的一项综合性指标。

都很忙，外面一堆项目，做好了奖金上亿元，人家为什么要抽时间给你讲课呢？

发现这个现象后，我又调研了其他一些投资公司。果然，这一行的人大部分都不喜欢分享。但是，初来乍到的新人又最渴望知道别人的经验，相比于书本知识，他们对实际项目应该怎么做更感兴趣。

投资行业的这个特点让我觉得很有意思，甚至有点兴奋。反复研究后，我们制定了一个叫"超越训练营"的培训计划。这个训练营不讲课，而是把大家聚在一起做一年的项目。

既然从投资经理那里拿不到线索，那我们就联系那些被并购或者被投资的公司，给公司 CEO 的助理打电话，让他们把公司收购前后的情况写出来。比如，复星集团收购了以色列一家生产美容产品的企业，其产品占全球 15% 的份额。怎么收购成功的？还有某个制药企业，复星集团投资不到十亿元，现在已经市值超千亿元了。为什么会有这些变化？让这些公司自己来告诉我们。这种故事在复星集团有很多，我们从中挑选出了十个案例。接下来，我们组织人手，从这些基础素材入手，抽丝剥茧，挖掘每一个收购案例的详细过程。

"超越训练营"很快组织了起来，训练营学员就是那些名校毕业生，指导委员会由集团创始人郭广昌和几位董事长、总经理组成，辅导员是几位有经验的投资经理。然后，我们在一个会议室的墙上贴了十个案例，让学员们一个个地看。他们对其中哪个案例感兴趣，就集中调研哪个。小组分出来之后，我们开始布置任务，要求他们把所有参与过这个项目的人都拜访一遍，去做调研，把当时的谈判细节和决策过程挖出来，写成一个完整的案例。

拿到任务后，这些毕业生一改从前没精打采的状态，变得非常兴奋。他们会提很多问题，比如：以色列那家公司当时提了什么条件？最后为什么接受收购？学员会通过打越洋电话的方式去采访。同时，集团层面的问题，有的学员甚至直接问到了老板那里：你当时凭什么做这个决定？为什么有勇气拍板？学员们自始至终都兴趣浓厚，而老板也觉得，这样系统性的复盘对公司来说是非常好的经验沉淀。

案例初稿完成后，我们又进行了反复的点评、修正。经过差不多一年的努力，十个案例终于完整地呈现出来了，细节饱满，提炼精准。

项目的最后一环是向全集团发布这些案例。发布案例的地方是一个可以容纳一百多人的教室，每个小组都要派人上去宣讲，一期讲一个案例。评审委员会坐在下面，负责评判每个案例是否过关。

你知道第一期取得了什么效果吗？能坐一百多人的教室全部坐满，能站的地方也都站满了人。为什么？因为所有投资总监都对这件事很好奇，他们也都想知道这些案例的具体情况，但是从来没有人讲过。集团创始人郭广昌热情很高，他在现场也进行了一些分析和总结。听完之后，很多团队还不过瘾，请这些学员去给自己开小灶，多讲一点，或者请他们跟自己团队的案例"比武"。学员们很自豪，在他们看来，参加这个训练营是来学习的，可现在要去分享，那种感觉不一样。

"超越训练营"一年年做下来，产出了很多精彩案例。我们把这些案例编辑成册，做成了复星集团的投资案例集。这不仅解决了老板在人才培养、能力传承方面的心病，也及时为集团的项目做了复盘，把经验沉淀了下来。

很多 HR 总感觉自己在公司缺少话语权，没有存在感，但如果你能洞察企业存在的问题，运用手上的工具系统性地帮助公司解决问题，你就能改变局面。而要做到这一点，你必须了解老板和员工的痛分别在哪儿。

梁冰老师的这个案例实际上解决了两个问题：一是通过复盘的形式，将公司的最佳实践经验沉淀下来，形成了可复制的经验；二是通过做案例的方式，培养了年轻人。这个项目的成功得益于梁冰老师敏锐的洞察力和系统化解决问题的能力。其实，在工作中，HR 一号位不仅要洞察公司和员工的需求，还要对与自己同属支持部门的财务和法务部门有深入了解，因为只有这样，你才能更清晰地知道人力资源部门在当下的职责，以及如何与他们配合。

▌视角：以人、财、法的全局视角思考 HR 工作

· 肖焱

在某互联网公司工作的第三年，我经历了自己职业生涯中的一次巨大飞跃。当时我是集团下属邮箱业务单元的人力资源经理，原集团的 HRD 因个人原因离开，于是我临危受命，紧急被调往集团成了新任 HR 一号位。

新官上任，局面复杂，繁多的工作扑面而来。当时正值年底，集团 HR 须高效完成当年的高管绩效考核、根据集团业务规划确认下一年度的财务策略和业务财务预算。任务繁重且棘手，我又是刚刚上任，难免会做得磕磕绊绊；而我在原先业务单元的工作也不能停，我不能因为被提拔了就撂挑子；此外，公司刚刚收购了一家境外公司，涉及四个国家的业务，这部分人力资源工作我也要负责。这三个方面的工作同时开展，压力之大可想而知。我当时的想法是，用半年时间把所

有工作理顺。但实际上，这半年我基本都是在"应付"，有事情来了，我赶紧接住，千万别掉链子。半年后，当各方面工作终于有条不紊地运转起来时，我开始思考，整个集团的 HR 布局应该怎样设计，以及该如何执行。我意识到，在新的岗位上，我不能闭门造车，而要先看到集团业务对 HR 体系的需求和管理现状，然后再来看 HR 的工作方向。

集团的管理类似于历史故事，分久必合，合久必分。公司需要快速成长、抢占市场时，会向各条业务线释放资源，全力支持；而当各条业务线平稳发展时，集团化管理的需求就会凸显出来——各条业务线或者子公司需要在集团的领导下整合资源，从分散走向集中，增效提速，以利于市场最大化。我履新时刚好赶上集团由"分"到"集"的过渡阶段。当时，各子公司资源过于分散，已经影响到了集团的整体运营效率，所以高管层有意整合资源，优化管理。

集团对子公司的管控是通过"三纵一横"来实现的。"三纵"就是财务线、人力线和法务线。作为上市公司，集团会将整体的中长期业务战略规划分解为各子公司的年度业务策略，并通过人、财、法对子公司的业务进行管控和资源调配，然后向深交所进行业绩披露。

而当时集团遇到的问题是：财务方面的收支两条线运行不畅，境外产品的收入和支出怎么返回集团？财务报表怎做才能符合深交所对上市公司业绩披露的要求？这些问题非常复杂。很明显，财务管控遇到了困难。

法务方面也有先天不足。当时集团业务横跨几个大洲，而大陆法系[1]和英美法系[2]的法律制度有着巨大差异，给当时的法务老大带来了很大的困难。

人力方面，大部分人力资源的职能性工作，比如招聘、绩效管理、员工的入职和离职手续办理都分散在各子公司，集团总部只有两名 HR，管理基础十分薄弱。比如，我们在境外的子公司招了很多个负责人，但集团一直不知道；等集团知道了，这些人已经开始工作了。也就是说，集团的 HR 根本不知道子公司做了什么，也没有人去跟进。

这就是我担任 HRD 后集团的大环境和小环境。所以，我的工作方向应该是什么呢？如果法务和财务的管控力度很强，HR 就可以顺势而为；但如果法务和财务的管控都相对弱势，HR 的管控就必须强有力。另外，很重要的一点是，我是

---

1. 大陆法系是指欧洲大陆上源于罗马法、以 1804 年《法国民法典》为代表的各国法律，所以大陆法系也称"罗马法系"或"民法法系"。属于这个法系的有法国、德国、奥地利、比利时、荷兰、意大利、瑞士、西班牙、明治维新后的日本，以及亚非拉部分法语国家或地区的法律。

2. 英美法系亦称"普通法系""英国法系""判例法系""海洋法系"，是以英国普通法为基础发展起来的法律的总称。该法系产生于英国，后扩大到曾经是英国殖民地、附属国的许多国家和地区，包括美国、加拿大、澳大利亚、新西兰、南非、印度、巴基斯坦、孟加拉国、马来西亚和新加坡等。

个从集团内部提拔上来的 HRD, 对公司业务比较了解, 对老板内心的想法也很清楚, 所以我很快确定了自己的工作方向。我当时跟老板反复强调: "集团, 集团, 不能集而不团, 我的方向就是把这个团的功能体现出来。"

"三纵一横"中的"一横"就是集团内部各子公司或者业务线之间的协作, 这种协作往往是通过信息系统来管理的。当时我和老板商量的结果是, 集团的管理优化要从 HR 的信息系统入手。

那时国内刚开始引入三支柱架构理论, 我快速学习后发现, 这是一个非常有利于集团管控的系统。所以我的第一个动作就是建立 SSC。

SSC 是三支柱架构中最基础也最核心的部分。跨国集团的业务分布在不同国家, 如果人力资源的管理也跟着一起分散在各处, 那么集团就无法对子公司进行服务和管理。于是, 我们首先把散布在各处的人力资源服务, 包括薪酬核算及员工的入职、转岗、调动、离职等工作汇总到集团 SSC 团队, 由他们直接服务全集团员工。这样不仅迅速提高了 HR 体系的动作效率, 降低了差错率, 也减少了各子公司 HR 的工作量, 使他们可以更聚焦于业务支持。

集团 SSC 的搭建是从零开始的。我们要把所有子公司的人力资源服务工作都收拢到集团, 这么大刀阔斧的动作, 其实触及了每一家子公司管理的核心部分。

　　牵一发而动全身。我们做了大量准备工作,走访了好几家成熟的运用三支柱架构搭建 HR 体系的企业,报了好几版方案。同时,我们和子公司的老大沟通方案实施的必要性,还在各子公司 HR 团队中物色合适人选,做岗位调整前的准备。我们也提前建立了 HRSSC 公众号,以便管理全员的人事事务。经过将近半年的努力,我们终于把 SSC 的人员码齐了。在这个过程中,我遇到的挑战非常多,甚至想过我们只做 SSC,把服务做了就好,三支柱架构的其他部分先不做。但转念一想,这是不可能的,因为既然做了 SSC,就不可避免地会向各子公司提需求,而这些需求背后其实就是集团整体的 HR 战略和制度,就是各模块的体系,这些都需要由集团来定。

　　但如此深层的改革怎么推进呢? SSC 的搭建尚且这么艰难,就更别提制度和体系的搭建了。

　　这时,我看到了"三纵一横"的合力有多么重要。当时,财务体系在预算管理方面已经取得了显著进步。前面说过,财务主要通过收支两条线对子公司进行管控。每年年底财务部门都要把集团第二年的预算做出来,这其实是一个特别好的管理契机。

那一年的 11 月，各子公司老大来集团总部开预算会，大家要把当年的盘子捋一遍，然后定第二年的总目标；总目标定好后，再把它拆分到各子公司。我当时的想法是，既然财务任务分下去了，那么 HR 的绩效考核规划也应该跟着一起做，所以我们及时跟进这些子公司的负责人，帮他们根据财务目标做任务书，提取绩效考核指标。这样一来，整个集团的绩效考核系统迅速搭建了起来。绩效系统搭建起来后，薪酬和人才战略体系也得以跟进，COE 团队逐步建立起来。这样，三支柱架构得以完整呈现，集团收紧了对子公司的管控，满足了老板在那一阶段的管理需求。

这段经历对我的成长帮助特别大，从一家子公司的人力资源经理到全集团的 HRD，我最重要的体会就是不能沉浸在 HR 的专业中，而要看到集团的大势，并从人、财、法三条线的角度思考 HR 在这一阶段的使命和工作方法。

能够站在公司全局去思考 HR 的使命和工作方式，其本质是理解公司管理层，特别是老板的管理需求。但是不是老板的所有想法 HR 都要照做呢？一些职场攻略这样告诉年轻人：老板总是对的，如果不对，请参考前一句；你只要对工作质量负责就可以了。的确，职场中很多人都会把老板的话当圣旨，即便自己不能理解，或者心怀异议，也绝对会按照老板的要求做。那么，HR 一号位是不是也应该这样呢？我们来看看肖焱老师的分享。

HR 一号位如何处理和老板的关系

心态：老板总是对的吗

·肖焱

HR 行业中有一句话叫"老板总是对的"，意思是，无论老板的想法是对是错，HR 一号位都要和老板保持一致。其实，这句话有一些偏颇。如果认为老板总是对的，那么 HR 一号位就可能会成为以下几种我非常不认同的人：第一种是我们经常说的马屁型，或者叫愚忠型，老板要求我怎么做，我就怎么做；第二种是顺从型，老板以前就是这么要求的，从来没出过问题，所以我还这么做；第三种是甩锅型，这件事老板是这样看的，我也是这样看的，现在出了问题肯定是某团队谁谁谁的责任。这几类人把老板的话奉为圣旨，不敢有丝毫意见，他们战战兢兢，根本没有精力去思考深层次的问题。

其实，"老板总是对的"这句话可以这样来理解。

首先，老板往往是从全局视角考虑公司的业务方向、资源分配等战略问题。而 HR 一号位通常和老板存在多方面信息不对等的情况，所以在公司整体战略方向上恐怕给不了老板太多建议。他要做的是尽可能理解老板的思路，在战略方向上与老板保持一致。

我刚升任集团 HRD 时，就因为不懂这个道理而捅了一个"篓子"。

那是十几年前，集团新成立了一家子公司，专门做一项前沿业务。当时，这块业务还看不到什么前景，具有很强的探索性质。所以，作为 HRD，我很看重成本，觉得不能招太多人，也不能花太多钱，只是尝试、探索一下。但这家子公司的负责人非常激进，甚至会为了激励某个员工，发给他 60万～ 80 万元的奖金。这在我看来简直太夸张了，完全不能接受。你还没给公司挣钱呢，怎么就敢给员工发这么高的奖金？我和这位负责人发生了正面冲突，甚至在会议上公开批评他的做法，引起了很多议论。

让我没想到的是，董事长完全站在这位负责人那一边，即使我争辩说自己是怕公司蒙受损失，初心是为公司好，他也不为所动。董事长对我说："你不要只看他发了 60 万元、80 万元的奖金，你要看三年之内他的整体成本和将来的可能性。我都可以承受他三年不赚钱，你有什么不可以的？我们现在是穿皮袍子，三年之内大不了我们还有裤衩，还有背心！"这些话让我极为震惊。他继续对我说："你在大学学

HR，然后做 HR，你这样的人特别容易有一个问题，就是为了专业而专业，你要了解老板怎么看，老板在看一个问题时，首先会看这是不是一门生意，这门生意的价值是什么。脱离了生意的 HR 就是耍流氓。"

这番话让我深受触动，至今记忆犹新。我突然意识到，企业家的格局和视野是我之前没有关注到的。HRD 其实相当于老板的 BP，我应该站在他身边，跟他一起去思考这门生意能不能做成，以及如何做成，而不是纠结奖金发了多少。

其次，在战略落地的具体操作中，HR 一号位应该有所作为，发挥自己独特的价值，比如兼顾公平、找准人才能力模型、及时发现管理漏洞等，在战略落地方法上与老板形成补位。

举个例子。裁员是一件很痛苦的事情，但如果你只是完成了裁员，哪怕是平稳裁员，你都是把自己看成了一个执行人员。你需要做的是反思：我们为什么会走到今天这一步？是这个项目本身有问题，还是负责人没找对，又或者是整条业务线的流程有问题？你要用自己的专业帮助老板复盘，理清思路，否则你就很难在老板面前体现自己的价值，也就更不能与老板形成补位。

再举一个例子。我曾经在一家互联网公司担任 CHO，我们的老板出身名校，是典型的技术男，刚出校园就开始创业。

他的专业能力非常强，但没有大型企业的管理经验。有一次，他在一个会议上听某位业内比较受认可的公司领导说，员工应该每天做工作日志，这是一个非常好的管理工具。他听了以后没有做任何调研，也没有和任何人商量，就给全体员工发了邮件，通知所有人从第二天起必须每天写工作日志，不写就要受到惩罚。

这封邮件一发下去，公司里就炸了锅。员工对写工作日志非常抵触和反感，认为这种做法不仅流于形式，而且增加了大家的工作量；每个人每天都要写今天做了什么，明天要做什么，还得写反思，写复盘，然后一层一层交上去；每一层领导在写工作日志时还要先看手下人的。这个工作量对一家2000多人规模的公司来说是难以想象的，甚至是可怕的。与此同时，互联网公司的员工不像传统企业，他们的表达方式非常直接，不管你是领导还是老板，都会直接跟你说 NO。

我刚知道这件事时非常震惊，甚至有些蒙。因为我之前支持的老板相对来说都是比较有经验的，在管理方面有自己独到的思考，这种做事方式确实是我第一次见到。经过短暂的思考，我理清了思路，知道自己该怎么办了。

我首先收集了员工的反馈意见，发现大家都很激动，也很抵触。作为公司的 CHO，我必须让大家意识到，他们的声音公司能听到，而且想听到。

之后，我马上对写工作日志这件事进行了调整和优化。

第一，老板在邮件里要求每个员工都要用报表的方式进行汇报，所以我找到公司的工程师，请他花两三个小时开发了一个非常简单的系统，专门用来归拢工作日志。它可以做分类处理，也可以整合和优化。我还召开了工作日志的宣讲会，教大家学习和使用这个系统，这样效率就能大幅度提高，帮大家节省了很多时间。

第二，我说服老板取消了惩罚规定。我跟老板说，这种方式对现在的孩子不适用，我们应该倒过来，主动写日志的员工可以定期分享经验，并获得一定的奖励，这样就会有不少员工主动行动起来。毕竟，工作日志确实是个不错的管理工具，员工用好了不仅对公司好，对个人的成长也有益处。

第三，我们把监督写日志的任务直接给到了各业务主管，要求他们不仅要参与，而且要辅导下属写日志。我跟各业务主管说，公司在全球都有员工，你怎么知道他们每天都干了些什么呢？你不知道的话，又怎么梳理出自己工作的轻重缓急呢？工作日志对于了解员工工作特别有帮助，所以你要鼓励这件事，引导大家主动参与。

经过大概一个月的时间，这件事终于平息了下来。最后就变成了大部分人主动在写，但我们不强制。这件事现在说起来简单，但在当时是很曲折的，员工怨声载道，很多人分不清最初到底是谁的主意。我们常笑说 HR 特别容易成为"背锅侠"，但这个锅我不背又能怎么办呢？

不过，从另一个角度看，你不能说老板做得不对，我不配合，就要和老板对着干。如果这样做了，第一，你可能很难继续在公司待下去；第二，没有人去做化解的工作，老板和员工的关系对立起来，对谁都没好处。而如果你想办法让这件事平稳解决，老板会觉得你帮他找了台阶下，员工也不会因此而压力过大。作为 HR，你要在两者之间找到一个平衡点，在贯彻老板思路的同时，把各方的需求拉齐，补上其中的漏洞。

成为老板的事业伙伴，帮助他提升组织能力、成就一家公司，是 HR 一号位的天然使命。老板关于公司整体的战略思路，HR 要去努力促成，并认真落地；老板的一些不合理要求，或者不符合管理规律的行为，HR 也要加以分辨，变通地处理。这其中很关键的一点是，HR 一号位怎样看待自己和老板之间的关系，以及他会以什么样的心态去工作。

关系：为什么说 HR 和公司是过日子的关系

· 盛莹

一些公司会把人力资源部单纯当作执行部门，或者把 HR 比作家庭主妇，而 CEO 就好比霸道总裁，霸道总裁一声令下，家庭主妇就得言听计从。但就像前面说的 BP 与业务负责人的关系一样，HR 一号位和 CEO 也应该是过日子的关系，而过日子就得有商有量，大家共同去成就一件事，绝对不是一方对另一方言听计从。

作为 HR 一号位，你能否和 CEO 有商有量地过日子，其实在最初选择进入这个组织时就可以预判：第一，CEO 是需要一个伙伴，还是需要一个听话的执行者？他能否接纳有人插手自己精心打造的组织，和他一起管理？公司遇到困难时，他是否愿意找个人商量？这些问题的答案你很容易获得。第二，你的优势价值和擅长领域是 CEO 和公司需要的吗？这个组织的发展阶段能否给你带来成长，也就是说彼此是否合适？如果不合适，你干了半天，可能 CEO 会觉得你没有用，你也会觉得没有发挥自己能力的空间，那很快可能就一拍两散了。比如，初创期的组织需要快速招聘、组建团队，这时 CEO 找了一个在万人集团做过 HR 一号位、擅长组织变革的人来，那肯定是不合适的。

当然，即便你经过全方位的思考和慎重的考虑，进入了一家彼此适合且发挥空间很大的企业，并成为 HR 一号位，你依旧需要与 CEO 或者核心管理团队进行磨合，在碰撞中协作。恋爱很美好，但过日子需要悉心经营，这是每个空降一号位都会面临的问题。

在磨合的过程中，你可能会遇到的第一个问题是，CEO 或者核心管理团队总是"既要，又要，还要"。比如，针对各部门负责人，老板既想要他们精明强干，又希望公司能引进一些外部优秀人才，提升各部门负责人的能力水平，还期待内部一些基层和中层员工能够快速成长，承担起部门重任。那作为 HR 一号位，你的工作重点是给现有部门负责人赋能，还是从外部招聘牛人，又或者是发掘、培养高潜呢？如果你眉毛胡子一把抓，全都干起来，通常会搞得一团混乱，最终无法获得任何成果。

作为 HR 一号位，你要先搞清楚公司对各部门负责人的定位和要求是什么。虽然都是部门负责人，但他们的管理水平参差不齐，我们需要对各个业务线的能力模型进行盘点，看看每一个位置上的人缺什么。对于有的负责人，你可能需要给他找个师父或者教练；对于有的负责人，你可能需要帮他搭个班子，推他一把，护他一程；而对于有的负责人，你可能应该毫不犹豫地把他换掉。对能力模型进行盘点，是为了把"既要，又要，还要"转换成"先要，后要，再要"，这样你才能知道自己的策略和节奏是什么。

比老板"既要，又要，还要"更糟的是，作为 HR 一号位，你根本看不清老板到底想干什么。

举个例子。我的一个朋友是一家企业的 HRD，最近他在公司组织了一个读书会，让大家自愿报名，同时邀请老板去站台。结果老板一去，发现只来了十个人，而且一半是人力资源部门的人，老板就很生气，说咱们公司的员工太不爱学习了。我这个朋友马上说，就是因为大家不爱学习，所以我们更应该搞培训，提升大家学习的意愿和能力。老板觉得他说得对，应该继续多搞培训。于是，这个朋友找到我，想请我们公司的 CEO 去讲讲课。我一琢磨，觉得这个事不能这么搞，所以就婉拒了。

为什么我会有这样的判断？因为"员工太不爱学习了"仅仅是对一个表面现象的评论，而不是对公司培训需求的洞察，所以这不是一个真问题。如果把这个针对现象的评论当成一个真问题，很多事情就会走偏。我们来试想一下接下来会发生什么。老板觉得员工不爱学习，HR 一号位立即呼应，采取一系列动作进行改善，找了一堆老师给大家培训。为了提升培训到场率，还严查考勤，增加测试环节。最后公司花了很多钱，员工也付出了很多精力，但并没有多少收获，公司业务也没有因此获得帮助。这样的培训虽然看上去很热闹，但没有规划，也不系统，老板最初可能会因为看到大家很积极而开心，可如果最终对员工能力和业绩产出没有实质性的帮助，老板肯定会认为这件事没用，因为最终公司都是要价值和结果的。

所以，我跟这个朋友说，你可能要先跟老板聊聊，当下他觉得最紧迫的事情是什么，通过培训的方式是否能解决。比如，公司现在要拓展绿色医疗方向的新业务，那么以这个新业务为议题，可以组织一系列培训和学习。HR 可以通过让员工自愿报名和公司筛选的方式把相关人员拉到学习小组里，大家针对一些业务创新中的实际问题展开研究。这个研究过程一定会有挑战、有难点。这时，HR 可以组织大家一起参与研讨，或者邀请外部专家来讲解，最后共创出一个解法或者一整套方法，这样既有培训效果，也有价值产出。

很多时候，当老板给出一个评论或者得出一个结论时，HR 一号位未必要马上做出行动上的响应，你可能要先和他讨论一下，在这个评论或结论背后，他最真实的思考是什么，眼前最关心的是什么，最让他着急的是什么。你需要和老板共同找到真问题，而不要自己贸然行动。

HR 一号位要直接面对 CEO 或者老板，有时会觉得对方太霸道、太专制、太善变，但你可以想想，你之所以会有这种想法，是不是因为不知道如何与对方沟通？

前面说过，HR 一号位和 CEO 是一起过日子的状态。举个生活中的例子：

丈夫说："咱们送孩子到这个学校上学吧。"

妻子说："好。"

丈夫说："那就去套买学区房。"

妻子说："行，我马上去办。"

夫妻俩肯定不是这么过日子的，要送孩子去上学，咱是不是得先看看哪所学校好，学校的教育理念是什么，老师和学生的资源怎么样，学校环境好不好，然后再看有没有必要买学区房……你和家里人肯定是有商有量，经过反复琢磨才达成共识，然后再看这件事该怎么干。这样做，日子才能细水长流地过下去。其实 HR 一号位和 CEO 的关系也是如此，双方之所以有分工，就是因为要互相提供价值，从而共同成长。

┃融合：如何在矛盾中把握动态平衡

· 张韫仪

　　每个人的人性都有两面，一面是善，是勤勉和给予；另一面是恶，是懒惰和贪婪。它们就像一幅八卦图中的黑与白，彼此对立，有时又相互交融。这决定了 HR 的工作要不断进行阴阳调和，寻找动态平衡。

　　对 HR 一号位来说，这种在矛盾中寻求平衡的能力尤为关键。在为人处世中，你要足够柔软，能够与任何人打开沟通界面，同时也要足够有力量，能够坚持自己的主张，并执行到底。

　　我曾经看到过这样一个案例。某个 HR 一号位，我们暂且称他为 D，他所在企业的创始人雷厉风行，言辞强势，总是沉浸在自己的世界里，喜欢不分青红皂白地把自己的思想灌输给他人。面对创始人，D 时常找不到说话的机会。D 刚入职时，刚好赶上公司疯狂扩张，以每月增加上千人的速度招聘新人。这个扩张速度对组织能力的挑战是极高的。于是，D 提出公司应该尽快做一下人才盘点，梳理出各个岗位上的人才能力模型，之后再有序招聘。但 D 刚提议就被创始人否决了："人才盘点是什么玩意儿，我们不需要。" D 继续说："人力成本的预算也应该有个规划。"创始人又立马回复说："做预算干什么，我们要的是盈利！"紧接着，创始人开始沉浸在自己的世界中，畅想公司的未来。

于是，D 不得不思考一个问题：怎么和这位极具个性的创始人相处？D 想到了写信，并和创始人说明，只有写信可以让自己不被干扰地说清楚想要表达的内容。创始人接到信后，第一次完整了解了 D 的想法，并开始认真思考 D 的种种建议。就这样，D 和创始人终于可以顺畅沟通了。

与此同时，D 开始了解创始人的过往和原生家庭。他逐渐明白，这位创始人之所不断奋斗，之所会有这样的个性，与他的成长经历分不开。创始人小时候很缺乏身边人的认可和鼓励，所以很容易感受到挫败。于是，他渴望成为一个无比强大的人，说一不二，拥有极致的权威。这导致他与别人缺少联结，难以换位思考。

了解到这些之后，D 开始尝试在很多事情上及时给予创始人基于事实的认可和赞扬，给他一些正向鼓励。比如，他会和创始人说："你能理解我的想法，我十分惊喜""你今天对 ×× 说的一番话，让我觉得你是一个特别善于换位思考的人"……这些话让创始人知道，能够理解他人、尊重他人，也可以获得别人的肯定，而不是一定要把自己武装得那么强大。

因为沟通越来越顺畅，创始人和 D 达成了共识——公司的无序扩张可能会带来一系列的管理漏洞。就这样，之前 D 提起的人才盘点和人力成本预算等工作终于得以推行了。

人性极其复杂,傲慢与坚硬的背后往往是脆弱和对温暖的渴望。面对不同的人性,HR 要学会化解和引导,拉齐彼此之间的认知,让大家达成共识,一起往前走。在这个过程中,HR 就像水,润物细无声,却能水滴石穿。

当然,作为 CEO 的事业伙伴,HR 一号位的使命不仅仅是拉齐认知,更重要的是提升企业的组织能力,建设一个体系完整、制度严明、温暖有爱的组织。在我心目中,一个美好的组织可以让个人得到发展,让企业得以制胜。其中我觉得要平衡好两件事:第一是制度,第二是温度。

理想的制度体系能帮助企业把管理理念、战略意图、组织设想融合到一起,能够规范责、权、利,有效地配置资源。而温度可以让组织中的每一名员工感受到被尊重、被看到、被认同、被关爱。比如,为员工提供安全舒适的办公环境和健康营养的工作餐,给住在疫情区的员工寄送免费物资,在员工过生日时送上祝福和礼物,等等,这些细微的动作能够让员工感受到企业的温度,而温度正是一个企业在发展过程中最深沉、最持久的力量。

你可能会觉得制度和温度是不可调和的矛盾的两面,正所谓法不容情。但在我看来,二者看似对立,实则彼此交融,互相统一。

要想让制度与业务咬合在一起，就要根据企业的发展阶段规划制度的颗粒度。企业初创时，组织分工不需要太明确，相应地，制度的颗粒度也不能太细。这时，温度是凝聚团队的灵魂，它和制度彼此互补，因为这一阶段大家一般都是冲着创始人的魅力和事业蓝图而来的，创始人要更多发挥温度的一面。而到了企业的快速发展期，团队战斗力就不能仅仅依靠创始人的温度来维系了，企业需要有健全、完善的制度，并且逐步弱化温度的作用。但如果温度荡然无存，又会给制度带来极大的挑战。

举个例子。很多企业在完成绩效考核后会启动末位淘汰机制，这时，HR 不能直接让业务负责人告诉被淘汰的员工，你的绩效不合格，要被优化，这样谈很容易引起纠纷，甚至会发展到要进行劳动仲裁。HR 要给到业务负责人一系列工具或者抓手，比如设计绩效改进计划，给员工几个月时间改善工作，如果实在没有改观，再进行裁员。HR 要用这一制度确保业务负责人能够有温度地工作。在设计绩效改进计划时，HR 要把颗粒度做得足够细，并对业务负责人进行相关培训：第一，你要先表达对这名员工的正向肯定；第二，你要指出他在工作中存在的问题，明确这次绩效成绩是基于什么样的业务结果产生的；第三，你要和这名员工一起制定绩效改进计划；第四，在绩效改进期间，你要给他足够的空间，让他有机会进步；第五，在完成绩效改进计划、评估绩效改进效果时，你要有数据、有证据。如果经过这一系列动作，员工的绩效结果依然不理想，业务负责人就可以对他说："我是认可你这个人的，但经过咱们的共同努力，你的绩效结果依然不理想，你依然没有让公司看到你的变化。你看，业务在往前跑，大家压力都很大，所以我还是挺遗憾的……"这样谈解约，员工就不会感觉那么突然和难以接受。

制度是温度的保障，如果没有绩效改进计划这套制度打底，公司是很难说服员工的。员工可能会认为"我绩效不好，是因为你们没给我机会，你们对我有偏见"，他会有被轻视、被冒犯的感觉。同时，员工还可能会采取各种措施，想尽办法讨好业务负责人，力求留下来。这两种现象都很常见。缺少制度，不仅会带来一系列管理漏洞，还会让人偏离职业道德，让温度荡然无存。

与此同时，温度也能保障制度的执行效果。如果业务负责人在和员工一起制定绩效改进计划时态度傲慢、冷漠，那么员工很可能会认为这个制度不过是走个过场，公司对自己就是不公平。没有温度地执行制度，只会让制度显得虚伪和不近人情。

事实上，缺少温度的管理者在我们周围并不少见。他们认为管理就要依靠制度，而温度是些虚头巴脑的东西。一个只依靠制度而没有温度的管理者，会在组织内部引起很多恐惧情绪。员工的驱动力不再来自对自身发展的渴望，而是来自内心的惶恐。久而久之，他们会丧失对企业的归属感，企业的凝聚力也会逐渐消亡。一个缺乏凝聚力的组织，又何谈组织能力的提升呢？

温度与制度、柔软与力量、利他与利己，这些始终处于变化中的矛盾时刻存在于 HR 的工作中。HR 这个职业其实非常符合东方文化，需要你内心笃定，充满力量，可以平衡周遭看似对立的事物；也需要你对人性有足够的洞察、把握和引导，能够把事情做漂亮；还需要你有一颗能耐住寂寞的心，甘于站在幕后，而不是聚光灯下。如果说企业家是通过创业这条路来加速自我成长，那么 HR 就是通过对人性的阴阳调和与对动态平衡的追求，让自己在职业的道路上不断修行，不断完整。

CHAPTER 5

第五章

行业清单

在 HR 领域，为人熟知的大多是管理专家或者理论学者，真正从事 HR 工作的人却往往默默无闻。这是因为 HR 的天然职责是成就企业、成就他人，他们站在"聚光灯"外，很少引人注目。HR 不会像企业家那样叱咤风云，也不会像成功的工程师、律师、文学家那样声名显赫。因此，与"前途丛书"中的其他书籍不同，本书中没有"行业大神"这一章节，我们将直接邀请您进入"行业清单"。

在这一章，我们将以清单的形式帮你快速了解 HR 职业的一些基本信息，以及几位受访老师推荐的书目和常用公众号等。这是"前途丛书"中每一本书的收尾方式，可以帮助你进一步了解 HR 这个职业。

HR 是一个精深的专业，也是多学科汇集的综合领域，探索这条路并非易事，让我们在此道别，并开启新的旅途吧！

行业大事记

国外

1800 年，英国人罗伯特·欧文开始在苏格兰新兰纳克自己的纺织厂内全面施行员工管理和福利制度，这被认为是现代人力资源管理的基础。

人力资源管理萌芽

美国国民福利协会成立

1901 年，美国国民福利协会成立，提出公司福利制度，125 家公司施行了此项制度。截至 1911 年，施行此项制度的公司达 500 多家。

德国心理学家雨果·闵斯特贝格是工业心理学的主要创始人，被尊称为"工业心理学之父"。他于 1913 年出版的《心理学与工业效率》标志着工业心理学的诞生。工业心理学有关人与工作的关系、人员选拔和测评等方面的研究，对人力资源管理产生了极大的影响，使人力资源管理开始从规范化步入社会化的轨道。

工业心理学诞生

第一次世界大战期间，美国工业生产压力剧增，同时移民数量减少、征兵数量增加，使工人数量无法满足生产需求，工人流动率大幅提高，有些工厂的流动率超过了 50%。对此，企业开始组建雇佣管理部门，对雇佣和解雇、工时和薪酬等进行统一管理。1918 年，有超过 700 家企业设立了雇佣管理部门。

雇佣管理部门开始出现

美国设立"人事分类委员会"

1917 年，美国参战，部分征兵工作由人事分类委员会执行，委员会由心理学家和雇佣管理经理担任，他们在《人事手册》中对军队需要的 400 多个岗位进行了分析和描述，并以"把合适的人放在合适的位置上"作为标语。1918 年《人事手册》变为定期出版的周刊《人事》。

1918 年，美国政府劳工协调委员会开始资助雇佣管理者协会在罗切斯特大学、哈佛大学、哥伦比亚大学等高校开设雇佣管理培训课程，包括招聘、福利、培训等内容。

雇佣管理课程开始普及

"人力资源"一词出现

1919 年，约翰·R.康芒斯在其著作《产业荣誉》里首次使用"人力资源"一词，他认为劳资关系并非是完全对立的，雇主可以通过改善工人的劳动条件和福利、薪酬来调动其积极性，通过建立集体谈判制度避免冲突。康芒斯被称为美国劳动科学的先驱。

人际关系运动

1924—1932 年，美国心理学家埃尔顿·梅奥在美国西屋电气公司的霍桑工厂进行了一系列实验，实验表明人与人的关系对组织行为的影响非常大。自此，"人际关系运动"拉开帷幕，工厂人事部门从"以工作为中心"转变为"以人为中心"。

1929 年开始的经济大萧条使美国失业人数大幅增加，工会力量进一步加强，人力资源管理作为对抗工会的方法进一步得到深入研究，企业开始意识到，一味地打击与剥削并不能带来利润。

经济大萧条

"人力资源"概念的界定

1954 年，彼得·德鲁克在《管理实践》中提出了"人力资源"这一概念，并对概念含义进行了明确界定。他认为，"人力资源"拥有当前其他资源所没有的素质，即协调能力、融合能力、判断力和想象力。它是一种特殊的资源，只有通过有效的激励机制才能开发利用。

1960 年，经济学家西奥多·威廉·舒尔茨在美国经济学会年会上发表了著名的演讲《人力资本投资》，并明确指出人的知识、能力、健康等人力资本的提高对于经济增长的贡献远超物质资本、劳动力数量的增长所带来的贡献。

人力资本理论的提出

人本主义人力资源管理

20 世纪 80 年代，以人本主义思想为理论基础的人力资源管理模式出现，这种理论将员工视为经营活动中最重要、应首先考虑的因素，认为所有能适合岗位、创造绩效的员工都是企业人才，而且人力资源管理应按照模块来进行划分。

1992 年，IBM 开始建设人力资源共享服务中心，其人力资源基础服务从只覆盖公司几个区域，到 2008 年实现全球覆盖。

IBM 人力资源共享服务中心

1996 年，美国密歇根大学教授戴维·尤里奇出版了《人力资源转型》，他在书中提出了人力资源部门变革的组织架构设计与人力资源"三驾马车"的概念，并提出了 HR 三支柱的基础模型。

《人力资源转型》出版

2000—2007 年，IBM 在戴维·尤里奇"三驾马车"的基础上开始建立 COE 与 BP，三支柱架构基本成型。

HR 三支柱架构的建设

国内

中国在计划经济体制下施行劳动管理，对劳动力的安置、培训、纪律、工资和福利等进行管理。

1949—1978 年

1991 年

《关于深化企业劳动人事、工资分配、社会改革的意见》出台，"铁饭碗"被打破。

"人力资源管理"这一管理理念随着外国资本一并被引入广州、深圳等地新崛起的工厂。

20 世纪 90 年代

1993 年

中国人民大学在国内高校中首次开设人力资源管理本科专业。

《中华人民共和国劳动法》开始施行，并首次将计划经济时代的劳动政策上升到法律规范的层次。

1995 年

2001 年

中国加入世界贸易组织，中国企业在思维观念、组织效率、管理技能等人力资源管理各个领域面临国外企业的挑战。同年，《企业人力资源管理师》国家职业标准颁布。

人力资源沙龙与《人力资源》杂志等共同倡议并发起，将 8 月 18 日作为中国人力资源日，HR 终于有了自己的节日。

2005 年

2008 年

《中华人民共和国劳动合同法》正式实施。

第十一届全国人民代表大会常务委员会第三十次会议通过《关于修改<中华人民共和国劳动合同法>的决定》。

2012 年

行业术语

SSC（Shared Services Center）：共享服务中心，人力资源内部所有基础的、实务性的操作，如薪酬核算、绩效结果收集、入离转调等，都由 SSC 来完成。

BP（Business Partner）：业务伙伴，是企业派驻到各个业务部门或事业部的人力资源管理者，是人力资源部门和业务部门之间的桥梁。

COE（Center of Excellence 或 Center of Expertise）：人力资源专家中心，根据公司发展阶段和未来战略为公司量身定做最适合的薪酬体系、组织架构、福利体系、公司文化等，并帮助这些体系快速落地。

HRA（Human Resource Assistant）：人力资源助理，是HR 职业中最基础的岗位，负责基础的事务性工作。

HRC（Human Resource Commissioner）：人力资源专员，可以独立操作部分模块的工作，但也属于比较基础的岗位。

HRS（Human Resource Supervisor）：人力资源主管，初级管理岗位，不仅要有专业知识，具备解决问题的能力，还要具备对下属的指导和管理能力。

HRM（Human Resource Manager）：人力资源经理，中层管理人员，不仅要具备专业能力和经验，还要关心企业运作、各部门流程，熟悉人员层次，以便支持公司各部门业务。

HRD（Human Resource Director）：人力资源总监，是一般企业人力资源部门的最高岗位，负责统筹公司制度和整体人力资源系统。

HRVP（Human Resource Vice President）：人力资源副总裁，直接向总裁汇报工作。设置这个岗位，意味着公司人力资源的定位从原本孤立的某个支持、执行类部门上升到具有战略高度的部门。

CHO（Chief Human Resource Officer）：首席人力资源官，是集团公司才有可能设置的人力资源部门最高岗位，负责制定集团化经营的公司人力资源战略并监督执行。

OD（Organizational Development）：组织发展，负责这方面工作的 HR 要根据公司发展阶段、环境和战略，设计组织构架、搭建部门间的配合机制，为各部门人才设计标准等。

TD（Talent Development）：人才发展，负责这方面工作的 HR 要承担关键人才的发展工作，包括胜任力模型搭建、任职资格体系搭建、人才盘点、人才发展、继任者计划等。

LD（Learning Development）：学习发展，负责这方面工作的 HR 要承担企业员工的学习及培训工作，搭建培训体系、规划员工的职业发展路径、建立学习型组织。

JD（Job Description）：职位描述，包括岗位名称、工作职责、任职条件、工作所要求具有的技能等。

ERM（Employee Relationship Management）：员工关系管理，主要负责协调员工与管理者、员工与员工之间的关系，引导建立积极向上的工作环境。

C&B（Compensation and Benefits）：薪酬与福利，负责这方面工作的 HR 要承担核算、规划员工薪酬与福利的工作。

TA（Talent Acquisition）：人才获取，即招聘，负责从各个渠道获取适合企业岗位需求的关键人才。

CU（Corporate University）：企业大学，又称公司大学，是由企业出资，以企业高级管理人员、一流的商学院教授及专业培训师为师资，通过实战模拟、案例研讨、互动教学等实效性教育手段，培养企业内部的中、高级管理人才和企业供销合作者，满足人们终身学习需要的一种教育培训体系。

OC（Organization Culture）：组织文化，也称企业文化，是一个组织由其价值观、信念、仪式、符号、处事方式等组成的特有的文化形象。

OKR（Objectives and Key Results）：目标与关键成果法，是一套明确和跟踪目标及其完成情况的绩效管理工具，强调明确公司和团队的目标，以及什么样的关键结果可以促进达成目标。

KPI（Key Performance Indicator）：关键绩效指标，是一种被广泛应用的绩效考核方法。它将公司、部门和个人的工作业绩分解成几个具体、可衡量的指标，然后针对每个指标制定具体的绩效目标，并根据每一个关键指标的具体完成情况评价公司、部门和个人的工作成果。

MBO（Management by Objectives）：目标管理法，强调以目标为导向、以人为中心，以成果为标准，使组织和个人取得最佳业绩，亦称"成果管理"，俗称"责任制"。

BSC（Balanced Score Card）：平衡计分卡，它从财务、客户、内部运营、学习与成长四个角度，将组织战略落实为可操作、可衡量的指标和目标值。

360度绩效考核：在考核一名员工时，综合收集员工本人的自我评价、员工上级和卜级的评价，以及客户和供应商的评价，最终综合各方意见，给出一个整体的绩效考核结果。

推荐资料

（一）推荐书籍

·〔美〕戴维·尤里奇:《人力资源转型》,李祖滨、孙晓平译,电子工业出版社 2019 年版。

推荐人:肖焱

推荐理由:大师之作,真正的战略业务伙伴必须从管理和专业视角转变为业务和经营视角,业务和经营挑战才是 HR 工作的真正起点。

·〔美〕彼得·德鲁克:《卓有成效的管理者》,辛弘译,机械工业出版社 2022 年版。

推荐人:盛莹

推荐理由:作为管理学的经典著作,本书对管理者的概念进行了界定,并认为卓有成效是可被学习的。

·〔美〕拉斯洛·博克:《重新定义团队》,宋伟译,中信出版集团 2019 年版。

推荐人：盛莹

推荐理由：谷歌首席人才官拉斯洛·博克从组织、人才、激励、文化等角度介绍谷歌的人力资源管理实践，告诉我们企业如何源源不断地培养人才。

·〔美〕拉姆·查兰、〔美〕斯蒂芬·德罗特、〔美〕詹姆斯·埃诺尔：《领导梯队》，徐中等译，机械工业出版社 2016 年版。

推荐人：盛莹

推荐理由：作者将领导力发展拆解为六个阶段，并对每个阶段需要掌握的理念、技能和能力进行了介绍，可以帮你了解搭建和管理人才发展体系的方法。

·〔美〕斯坦利·麦克里斯特尔：《赋能》，林爽喆译，中信出版集团 2017 年版。

推荐人：盛莹

推荐理由：在本书中，美国陆军四星上将斯坦利·麦克里斯特尔从组织形态、治理体系、激励与考核、文化建设等多个维度介绍了如何打造一支有活力的敏捷团队。

·〔美〕约翰·惠特默：《高绩效教练》，徐中等译，机械工业出版社 2018 年版。

推荐人：盛莹

推荐理由：本书引用职场及运动场上的例子，清晰阐述了教练的理念和技巧。

·〔比〕弗雷德里克·拉卢:《重塑组织》,进化组织研习社译,东方出版社 2017 年版。

推荐人：盛莹

推荐理由：本书作者是前麦肯锡资深合伙人,他从人类意识进化的视角介绍了组织进化的规律,启发我们创建更有意义、更能激发个人潜能的组织。

·〔美〕阿尔文·托夫勒:《未来的冲击》,黄明坚译,中信出版集团 2018 年版。

推荐人：张韫仪

推荐理由：托夫勒的未来三部曲之一,描述了人类在未来超工业世界的生活图景,可以帮助 HR 理解人们的一些无意识行为可能会带来怎样的后果。

·〔美〕约翰·麦基:《伟大企业的四个关键原则》,史建明译,浙江人民出版社 2019 年版。

推荐人：张韫仪

推荐理由:全食超市创始人约翰·麦基在本书中揭示了一家伟大企业所应该具有的"根":设定崇高的目标,为每一位利益相关者创造价值,聘用愿意为企业和利益相关者服务的领导者,保持企业文化与管理方式的一致性。

·〔美〕道格拉斯·麦格雷戈:《企业的人性面》,韩卉译,浙江人民出版社 2017 年版。

推荐人:张韫仪

推荐理由:作者是美国著名行为科学家,管理理论的奠基人之一,是人际关系学派最有影响力的思想家之一。在这本书中,他首次从人性的角度剖析了企业管理问题。

·许正:《光明领导者》,人民邮电出版社 2020 年版。

推荐人:张韫仪

推荐理由:这本书剖析了领导力危机的重要原因,可以帮助管理者完成心智跃升,为企业带来真正的组织进化。

·林光明:《敏捷基因》,机械工业出版社 2020 年版。

推荐人:张韫仪

推荐理由:本书对企业在易变、不确定、复杂和模糊时代如何建设敏捷型组织进行了深度思考,可以帮助 HR 跳脱出选用育留的日常工作,拓宽视野。

·卢志明:《从 HRBP 走向 HRD》,中国法制出版社 2021年版。

推荐人:佟磊

推荐理由:本书从信任、人性、格局、专业四个维度,为 BP 进阶为 HRD 途中的关键问题提供了完整解决方案,可以帮助 HR 跳出专业深井,从更加宏观的角度思考自己的职业发展。

·〔美〕丹·艾瑞里:《怪诞行为学》,赵德亮等译,中信出版集团 2017 年版。

推荐人:佟磊

推荐理由:人很复杂,这本书能帮你理解人性,多一些换位思考,洞察客户想要什么。

·〔美〕杰夫·斯玛特、〔美〕兰迪·斯特里特:《聘谁》,任月圆译,海天出版社 2009 年版。

推荐人:肖焱

推荐理由:做 HR 怎么可以不懂招聘?本书中的招聘案例被哈佛商学院引为教学案例,实用度非常高。

·〔美〕埃德家·沙因:《组织文化和领导力》,章凯等译,中国人民大学出版社 2014 年版。

推荐人:肖焱

推荐理由:本书提出了组织文化层次模型,帮助管理者建设、植入和发展企业文化。

·〔美〕乔安娜·巴斯:《麦肯锡 12 堂工作思维课》,袁鑫译,中信出版集团 2019 年版。

推荐人:肖焱

推荐理由:书名普通,但内容不一般。本书从麦肯锡的体系思维和价值观角度循循善诱,发人深省,适合新手职场人。

·张宏杰:《曾国藩传》,民主与建设出版社 2019 年版。

推荐人:佟磊

推荐理由:身为 HR,要修身律己,以德求官,礼治为先,以忠谋政。

(二)推荐公众号

环球人力资源智库

推荐人:盛莹

推荐理由：介绍 HR 相关的新概念、新实践，以及相关热点信息。

人力资源智享会 HREC

推荐人：盛莹

推荐理由：对 HR 各个模块的基础知识和工具、方法进行介绍，也会发布一些 HR 研究报告。

HR 转型突破

推荐人：盛莹

推荐理由：具有多年人力资源管理经验的康至军老师在这里对一些管理实践发表观点和见解，也提供了一些学习资源。

哈佛商业评论

推荐人：盛莹

推荐理由：解读商业前沿信息，提供观点和洞察，对于 HR 了解行业有一定帮助。

首席组织官

推荐人：张韫仪、盛莹

推荐理由：龙湖集团前 CHO 房晟陶老师的公众号，介绍了许多关于组织管理、打造高管团队的前沿理论和实践方法，以及他对组织的观察与思考。

曾奇峰心理工作室

推荐人：张韫仪

推荐理由：包含一些心理学的科普文章和对一些社会事件的心理学分析，可以帮助 HR 深入理解人性底层的东西。

觉醒商业

推荐人：张韫仪

推荐理由：有很多组织建设的案例分享、理论探索，帮助 HR 思考未来的商业环境以及与之相匹配的组织应该是什么样子。

阿里铁军

推荐人：肖焱

推荐理由：传递头部互联网的标杆性人才理念，内容精良。

美世人才微咨询

推荐人：肖焱

推荐理由：头部咨询公司，HR 领域的大牛，线下课虽贵但质量很棒。

36 氪

推荐人：肖焱

推荐理由：媒体报道类，了解互联网行业新闻、专业解读等，简洁明了。

温伯陵的烟火人间

推荐人：佟磊

推荐理由：客观真实地回顾历史、人物，看到人与人之间的温情与博弈。

混知

推荐人：佟磊

推荐理由：重温历史，图文并茂，人间事触类旁通。

后记

这不是一套传统意义上的图书，而是一次尝试联合读者、行业高手、审读团一起共创的出版实验。在这套书的策划出版过程中，我们得到了来自四面八方的支持和帮助，在此特别感谢。

感谢接受"前途丛书"前期调研的读者朋友：蔡艺、陈晓磊、葛鹏起、黄粤波、金丰杰、金亚楠、旷淇元、李中虎、连瑞龙、马剑、石建银、石云升、单汝峰、孙颖、魏虎跃、王子余、小鱼、杨明、赵二龙、张丽、赵声福、曾一珩、张政伟、周健等。谢谢你们对"前途丛书"的建议，让我们能研发出更满足读者需求的产品。

感谢接受《我能做 HR 吗》前期调研的朋友：喻涛、李彬、韩松笑、恽卫军、沈苏怡等。谢谢你们坦诚说出自己对 HR 这一职业的困惑和期待，在你们的帮助下，我们对它的痛点有了更深入的了解。

感谢"前途丛书"的审读人：Tian、安夜、柏子仁、陈大锋、陈嘉旭、陈硕、程海洋、程钰舒、咚咚锵、樊强、郭卜兑、郭东奇、韩杨、何祥庆、侯颖、黄茂库、江彪、旷淇元、冷雪峰、李东衡、连瑞龙、刘昆、慕容喆、乔奇、石云升、宋耀杰、田礼君、汪清、徐杨、徐子陵、严童鞋、严雨、杨健、杨连培、尹博、于婷婷、于哲、张仕杰、郑善魁、朱哲明等。由于审读人数众多，篇幅所限，不能一一列举，在此致以最诚挚的谢意。谢谢你们的认真审读和用心反馈，帮助我们完善了书里的点滴细节，以更好的姿态上市，展现给广大读者。

感谢得到公司的同事：罗振宇、脱不花、宣明栋、罗小洁、张忱、陆晶靖、冯启娜。谢谢你们在关键时刻提供方向性指引。

感谢接受本书采访的五位行业高手：梁冰、张韫仪、肖焱、佟磊、赵宏炯。谢谢你们抽出宝贵的时间真诚分享，把自己多年来积累的经验倾囊相授，为这个行业未来的年轻人提供帮助。

最后感谢你，一直读到了这里。

有的人只是做着一份工作，有的人却找到了一生所爱的事业。祝愿读过这套书的你，能成为那个找到事业的人。

这套书是一个不断生长的知识工程，如果你有关于这套书的问题，或者你有其他希望了解的职业，欢迎你提出宝

贵建议。欢迎通过邮箱（contribution@luojilab.com）与我们

联系。

"前途丛书"编著团队

图书在版编目（CIP）数据

我能做 HR 吗／章凌编著；梁冰等口述 .—— 北京：
新星出版社，2023.4
ISBN 978-7-5133-4986-4

Ⅰ.①我… Ⅱ.①章… ②梁… Ⅲ.①人力资源管理
Ⅳ.① F243

中国版本图书馆 CIP 数据核字 (2022) 第 124113 号

我能做 HR 吗

章 凌 编著

梁 冰 张锟仪 佟 磊 盛 莹 肖 焱 赵宏炯 口述

责任编辑： 白华召
总 策 划： 白丽丽
策划编辑： 师丽媛 王青青
营销编辑： 陈宵晗 chenxiaohan@luojilab.com
装帧设计： 李一航
责任印制： 李珊珊

出版发行： 新星出版社
出 版 人： 马汝军
社 址： 北京市西城区车公庄大街丙 3 号楼 100044
网 址： www.newstarpress.com
电 话： 010-88310888
传 真： 010-65270449
法律顾问： 北京市岳成律师事务所

读者服务： 400-0526000 service@luojilab.com
邮购地址： 北京市朝阳区温特莱中心 A 座 5 层 100025

印 刷： 北京盛通印刷股份有限公司
开 本： 787mm×1092mm 1/32
印 张： 10.125
字 数： 184 千字
版 次： 2023 年 4 月第一版 2023 年 4 月第一次印刷
书 号： ISBN 978-7-5133-4986-4
定 价： 49.00 元